EL ARTE NARRATIVO DE HILDA PERERA:

de *Cuentos de Apolo*
a
La noche de Ina

COLECCIÓN CANIQUÍ

EDICIONES UNIVERSAL, Miami, Florida, 1996

Luis A. Jiménez
y Ellen Lismore Leeder
(editores)

EL ARTE NARRATIVO DE HILDA PERERA:

de *Cuentos de Apolo*
a
La noche de Ina

EDICIONES UNIVERSAL

Primera edición, 1996

EDICIONES UNIVERSAL
P.O. Box 450353 (Shenandoah Station)
Miami, FL 33245-0353. USA
Tel: (305)642-3234   Fax: (305)642-7978

Library of Congress Catalog Card No.: 95-83692

I.S.B.N.: 0-89729-790-3

ÍNDICE

Prólogo

Hace casi dos décadas escribí ... Me sorprende la injusticia y discriminación de algunos críticos e historiadores de la literatura que no incluyen a Hilda Perera en el grupo de los grandes novelistas hispanoamericanos. Me preguntaba entonces si esto se debía a torpes prejuicios hacia la literatura escrita por mujer, si se debía a ser escritora exiliada de un régimen de izquierda, desposeída del respaldo de su nación o si simplemente se debía al desconocimiento de sus libros dada la riqueza de la narrativa hispanoamericana. (Debo aclarar que aún en la década de los setenta hubo críticos —como Florinda Álzaga— atentos a la obra pereriana.) Sin embargo, lo importante es la obra porque queda para ser valorada por otros lectores y críticos. Este libro y los prestigiosos premios recibidos en los últimos años por Hilda Perera, como reconocimento a su hacer literario, son las pruebas de que así ha ocurrido.

Un buen libro es el inicio de un ciclo creativo ilimitado. El creador es el artífice original, el inspirado demiurgo; el crítico y el lector poseen la capacidad del goce estético y de percibir, comprender y seleccionar, según su sensibilidad y sus vivencias, aspectos significativos para él, de esa realidad en la ficción recién descubierta. Es decir, hay aspectos que hallan respuesta en el lector por motivos inherentes a su personalidad. Por lo tanto, las respuestas a un texto son múltiples y la mayor o menor riqueza de ellas apunta al significado y trascendencia de una buena novela.

Un grupo de buenos lectores, amantes de la literatura y por empleo y vocación profesores, hallan en las novelas de Hilda Perera evidencia de su talento como escritora. Algunos hemos seguido de cerca su crecer artístico y es probable que todos nos hayamos enfrentado a algunos de sus fantasmas.

Es interesante notar como cada importante obra pereriana surge cuando su autora parece enfrentarse a sucesos que ponen a la criatura humana en los límites de su situación. Al ser testigo o víctima de graves conmociones en lo individual o en lo colectivo: el desquiciamiento del país,

7

la familia y el individuo ante una revolución o una seudorevolución, la cesantía de papeles claves a los que se ha consagrado la vida, el dolor inocente provocado por la guerra, los horrores del presidio político, la enfermedad que es el exilio, la inaceptable injusticia social, el marginamiento que conlleva la vejez, o la ausencia desgarradora e indescriptible, secuela de la muerte. Recordemos, como ha señalado Sábato, que la novela es capaz de dar testimonio del mundo externo, de las estructuras racionales y del mundo interior, aún de las regiones más irracionales del ser humano.

He aquí el meollo de los trabajos que justifican y enriquecen este libro: "Un rico mundo de ficción" es una visión esclarecedora de la obra pereriana desde *Cuentos de Apolo* hasta *La Jaula del unicornio*. Bien informada, Raquel Romeu incluye las últimas publicaciones: *La noche de Ina* y *Perdido*. Establece la concomitancia entre Hilda Perera, sus circunstancias y su creación literaria. Acertadamente, subraya e ilustra dos constantes de su obra: el lenguaje poético y el humorismo efectivo e inesperado: el gozoso encuentro.

Wilma Detjens señala en su trabajo la búsqueda de la identidad —como tema— más dramática y visible en los exiliados. Se refiere específicamente a, *Mai* y *Kike*, obras dirigidas a los más jóvenes y en las que los adultos se reencuentran con peripecias vitales. Observa que en el desarrollo hacia la madurez de los tres protagonistas surge el reconocimiento y la aceptación de la "otredad".

En "Mujer y política en *El sitio de nadie*", Luis A. Jiménez analiza la intervención del personaje Teresa y el desquiciamiento surgido de una contradicción: la de mujer burguesa que asume conducta antiburguesa y concluye: "La condenación o la aprobación de esta contradicción depende del escritor, no de la problemática materializada en la obra" se hace eco, además, del criterio que el socialismo del personaje no conllevaría la liberación sexual o sensual de la mujer.

Orlando Ocampo estudia el discurso femenino de la madre en *Felices Pascuas*. El conflicto más importante es el enfrentamiento de la madre a la pérdida de su identidad. Su esposo e hijo quieren imponerle una representación pasiva. Su exilio interior, como nadie desea escucharla, conlleva el silencio. Es mujer que también expresa sus anhelos sexuales y su derecho a satisfacerlos. En el cuestionamiento del canon tradicional al representar a la mujer, Hilda Perera asume "una nueva postura más abierta e incluyente."

En el ensayo de Mirza L. González hay conceptos claves:

1) El exilio tiene otra dimensión para el escritor ya que los componentes de sus obras están unidos inextricablemente a la realidad lingüística y cultural del país de origen 2) La identidad del exilio no es igual entre individuos ni en las distintas oleadas de desterrados y además, hay etapas en el exilio 3) La divergencia entre el desarrollo psíquico dejado atrás y el nuevo influyen en la psicopatología del exilio. González aplica e ilustra estos conceptos con los personajes de *Felices Pascuas* y *La noche de Ina*.

Ellen Lismore Leeder señala la gran dosis de verosimilitud de las narraciones pererianas. Analiza los personajes femeninos en tres novelas y subraya sus esfuerzos por independizarse del papel tradicional y pasivo asignado a la mujer. Son estas mujeres, luchadoras existenciales. Las narraciones, apunta Leeder, se ubican conforme a la trayectoria histórica de Cuba y en períodos críticos de la realidad cubana.

El argumento ficticio se entrelaza con la presencia textual de seres que sufrieron las injurias transcritas en *Plantado*. Esta es la premisa en el trabajo de Oscar Montero-López. Cita la versión de otros escritores y testigos para subrayar que son casi idénticos. Menciona el *Espejo de paciencia* y otras obras cubanas que recogen el vía crucis presente en toda cárcel, pero observa que desde 1959 es mucho más copiosa la literatura motivada por el presidio politico. Montero-López analiza la ideología del protagonista e infiere que Armenteros es el portavoz de las ideas pererianas.

Dulce M. García aclara las consecuencias del punto de vista narrativo que escoge el escritor, determinante de "la relación afectiva que se establece entre el lector y los acontecimientos y personajes en la novela." "En *Los Robledal* hay un narrador, poderoso Dios autoritario, el "yo" de José Gabriel revelador de sus procesos mentales, el "yo" de Elena, presente antes del nacer hasta el cierre de la novela y la voz de Josefina, testigo y comentadora popular. García afirma que el resultado es "un caleidoscopio interpretativo y discursivo" y subraya el dominio de Hilda Perera de la técnica narrativa porque "cada voz es una pieza del complicado rompecabezas" que es la realidad.

Antonio Fernández-Vázquez, estudioso de la obra pereriana, muestra la perspectiva totalizadora de la voz femenina en *La noche de Ina*, bien visible en la temática del texto y que además, matiza la interrelación de personajes. Subraya el logro artístico de la novela al contraponer el yo público de Ina en la realización de papeles teatrales pro forma y el "yo" que emerge de los monólogos interiores. Es dato curioso: en el primer manuscrito de la obra, y así aparece en el primer trabajo crítico, el desenlace ocurre con el suicidio de Ina. Añado el dato sólo por subscribir

9

lo acertado del trabajo: "La desolación de la protagonista de *La noche de Ina*." Otros buenos lectores, sin embargo, leen el refugiarse en la madre, desenlace último, como un regreso simbólico a la patria.

Héctor Canonge en "Hilda Perera y la soledad de sus unicornios" analiza el proceso de adaptación a un mundo desconocido, al que se llega por diferentes causas, y observa que se crean dependencias poco deseables y ronda la soledad. Estudia en *La jaula del unicornio* y *La noche de Ina* la conciencia femenina inmigrante; sigue las visiones hegelianas y lo guía el existencialismo de Sartre. Sólo Mercedes, por su entrada ilegal al país y el batallar por su hija, es inmune a la soledad. Perera ha creado una conciencia femenina exenta de este mal. Los otros unicornios se liberan después del aprendizaje imprescindible entre el "yo" y los "otros".

Clementina R. Adams estudia en *La jaula del unicornio* y *La noche de Ina* dos personajes femeninos: Estela e Ina dadas a conocer no sólo como otros las ven sino como son, detrás de las máscaras que la sociedad patriarcal les obliga a usar. Han de protegerse además de la opinión femenina, tanto si proviene de feministas o sencillamente de mujeres. Adams señala las formas características de la conducta femenina en las sucesivas etapas de la vida: desde la niñez de María a la vejez de Ina; el inevitable conflicto entre generaciones y el no menos real entre cambio y continuidad.

Lector, creo que hubieras podido prescindir de este prólogo, elemental práctico de puerto. Mi propósito ha sido—"a la llana"—anticiparme y descubrir los méritos de los trabajos que integran este libro: guía para los menos avezados en lecturas provechosas y útil exégesis para iluminar lo esencial de la obra pereriana. Al abusar de mi precaria autoridad, te exhorto para que leas o releas la obra de Hilda Perera, de innegable importancia en la literatura hispanoamericana, para que halles en ella mundos y personajes que te harán pensar-sintiendo y sentir-pensando la complejidad de la existencia humana.

Alicia G. R. Aldaya
Universidad de Nueva Orleáns
Verano de 1995

UN RICO MUNDO DE FICCIÓN

Raquel Romeu
LeMoyne College

El hecho de que lectores totalmente diferentes se vean muy diversamente afectados por la 'realidad' de un texto en particular es prueba irrefutable del grado en que el texto literario transforma la lectura en un proceso creativo que está por encima de la mera percepción de lo escrito. El texto literario activa nuestras propias facultades permitiéndonos recrear el mundo que presenta. Así, lo que llama Wolfgang Iser[1] la dimensión virtual del texto (virtual dimension of the text) se obtiene al unirse texto e imaginación.

En ningún texto resulta más cierto esto que en los cuentos infantiles, donde la viva imaginación del niño, estimulada por la narración, le permitirá recrear un mundo imaginado. Hilda Perera, desde muy joven observó, o quizá intuyó esto cuando escribió sus primeros: *Cuentos de Apolo* (1947): "Apolo no tiene una vida sola, tiene dos: una es la de afuera, la de hacer mandados, cuidar a Homobono, ir al colegio... La otra sí es verdaderamente suya...la vive a ratos, cuando quiere, y estar en ella es como ir a unas vacaciones en sí mismo"(61).

Apolo tiene imaginación. Recientemente[2] oí decir a un conferenciante "imaginación es lo que está más allá del horizonte" y tener imaginación nos es necesario a todos porque puede llevarnos más allá de las limitaciones de lo posible. Esto me corroboraba que, puesto que la niñez es la época en que

---

[1]Wolfgang Iser: "The reading process: a phenomenological approach." *Modern Criticism and Theory* (215).

[2] "A future for Jesuit Higher Education," conferencia pronunciada por el Reverendo J. Robert Barth, S.J., el 27 de enero de 1995 en Le Moyne College.

el ser humano tiene más viva la imaginación, la literatura infantil había de tener un valor extraordinario para desarrollar esta facultad.

La crítica, quizá por prejuicio académico, ha prestado poca o ninguna atención a la literatura infantil que Gérard Genette coloca en el campo etnográfico de la literatura.[3] Perera era todavía una adolescente cuando creó el personaje de Apolo y no hubo intención expresa de hacer literatura infantil. Los cuentos apuntan, más bien, a la injusticia social. Apolo es cubano, es ingenuo, es curioso, ama la vida, y es, además, "negro, ágil y brilloso, son los dientes lo único verdaderamente blanco en su cara. Al reírse recuerda a la farola del Morro"(11). La injusticia social y de qué manera afecta, en particular a los niños, continuará siendo uno de los temas de sus cuentos.

Aunque hoy Perera es más conocida en Estados Unidos e Hispanoamérica por sus novelas que han obtenido varios premios literarios, se la conoce mejor en España por la abundante literatura infantil que ha producido y que también ha obtenido prestigiosos premios, tales el Premio "Lazarillo" en 1975 otorgado a *Cuentos para Chicos y Grandes* , publicado en 1976 por la Editorial Miñón; y otro "Lazarillo" en 1978, a *Podría ser que una vez*, publicado por la Editorial Everest en 1980. Los *Cuentos de Apolo* ya mencionados han sido traducidos y publicados en ocho idiomas[4]. También ha publicado Perera una serie de novelas cortas para adolescentes que han merecido el reconocimiento de la Editorial española Santa María que, en 1994, le otorgó un trofeo por las novelas *Mai* y *Kike*, que sobrepasaron los 100,000 ejemplares vendidos. Pero quizá el premio más apreciado ha sido el 'Hispanic Heritage Award' por excelencia en literatura, que recibió el 19 de septiembre de 1994 en Washington D.C. Este premio es un galardón, establecido en 1987, que se otorga a hispanos que con su talento hayan enriquecido culturalmente a la comunidad hispano-hablante de los Estados Unidos.

---

[3] Gérard Genette: "Structuralism and literary criticism." *Modern Criticism and Theory*, 71.

[4] Para una completa relación de las obras infantiles de Hilda Perera véase la *Bibliografía de Hilda Perera*, compilada por Dolores Rovirosa y publicada en Miami en 1991.

Porque apenas existe crítica sobre los cuentos infantiles de Hilda Perera y muy escasa sobre sus novelas cortas para adolescentes, nos ocuparemos en este artículo de hacer un breve estudio de estos géneros. Perera empezó a escribir cuentos infantiles cuando nacieron sus hijos. Se publicaron los primeros bajo el título de *Cuentos de Adli y Luas* (anagramas de sus nombres), en La Habana en 1960. Ha dicho la cuentista que estrenaba sus historias, narrándolas primero a los hijos, luego a los nietos, quienes le han servido, no sólo de auditorio, sino también de críticos. De la etapa oral y folklórica han pasado luego a la escritura literaria.

Si las novelas de Perera reflejan un ambiente eminentemente cubano y toda una época de exilio y desarraigo, sus cuentos infantiles son de tema universal, muestran una fértil imaginación y también una predilección por los animales como personajes. Sus novelas surgen de vivencias reales, de una profunda observación de la conducta humana, del análisis acertado de la psiquis del cubano y de una continua indagación introspectiva. Son novelas iluminadoras para comprender dos generaciones de cubanos, la suya y la siguiente, atrapadas entre dos culturas.

Sus historias infantiles parten de realidades sencillas y cuotidianas pasando, en alas de la imaginación, al ámbito de la fantasía. Sin embargo, hay dos constantes en toda su escritura que resaltan especialmente en los cuentos. Una es el lenguaje poético y la otra, ese sesgo humorístico, inesperado y súbito como un relámpago. Es un rozar levemente, es burla fina que hace un guiño al pequeño lector convirtiéndolo en cómplice de la narración.

El apasionamiento por el lenguaje tiene raíces profundas en Perera. Durante su época de estudiante formó parte del grupo del teatro universitario en la Universidad de La Habana y aprendió a amar la palabra. "[Teresa] ama las palabras como si fueran seres. Cuando le rozan el oído, las detiene y las tañe...Cuida su prosa como cuidaban su ropa de hilo las mujeres de antes...Cuando mueve los labios, no reza; está repitiendo los versos en cuyas cesuras de silencio halla paz...De una ascendencia hidalga donde hubo poetas, inventores y locos, le viene esta vocación ardiente"(*El sitio de nadie*, 63).

Y, por otra parte, el humorismo, ese apuntar o sugerir lo ridículo que aligera lo dramático, es rasgo inherente en la hablante. No tiene inconveniente en burlarse aún de sí misma. En *La jaula del unicornio* (1991), novela para adolescentes, la escritora se ve a través de los ojos de María "...se maquilla con la muchacha que le tapa las arrugas y le pone rabitos

13

verdes en los ojos"(64). Luego en el capítulo titulado "Rarezas de abuela Esté" de la misma novela, María observa y apunta con ingenuidad las actividades de Estela. Son páginas escritas burlonamente o 'tongue in cheek' como se dice en inglés, en las que la escritora se percibe reflejada en el asombro de la pequeña y poco sofisticada criatura recién llegada del sencillo ambiente rural de su Honduras nativo.

En los cuentos infantiles el humorismo aflora levemente y sirve para estimular la imaginación infantil. "Toda la noche estuvieron hablando en loro. (El loro es un idioma muy difícil, mezcla de canto, palabra y gruñidos)" (*Cuentos para Chicos y Grandes*, 48). En *Rana, Ranita* ésta dice: "No me voy a pasar la vida verde, con los ojos saltones y brincando de charco en charco!" y el sapo que la enamora le dice: "carirredonda y ojifeíta / para mí eres bonita". También en las novelas: "No creas, ser unicornio y persona al mismo tiempo...trae sus líos...no te puedes poner sombrero, a no ser que le abras un agujero en el ala; ni te lo puedes quitar para saludar a las señoras, porque demoras mucho y se te traba. Además, si no tienes cuidado, el cuerno se te engancha en cualquier cortina" (*La Jaula...* 27).

Detrás de la cuentista está la educadora. La rana no puede dejar de ser rana pues por más que se empeñe en ser azulejo no le saldrán las plumas ni podrá volar y por más que se esfuerce en piar sólo logrará croar. En cambio Pericopín sufrirá una transformación y se convertirá de gusano en mariposa, mas, "entre sus maravillosas alas de colores, está Pericopín." Por una parte, somos quienes somos y debemos aprender a aceptarnos como somos. Por otra parte, como el gusano se convierte en mariposa, los seres humanos también pasamos por diferentes etapas de evolución. Aunque en principio seguimos siendo los mismos hemos evolucionado hasta convertirnos en adultos. Es la bien antigua historia del Patito Feo.

Merece especial atención el lenguaje poético de Perera. Ong era tan flaco que "parecía una radiografía de niño" (*Mai*, 31); María "le dio dos pesos a una sonrisa de muchos dientes" (*Mai*, 111).

Entre los temas de los cuentos podemos encontrar los de hadas que son los que tienen más rasgos poéticos. Sin embargo, hay siempre una nota muy personal donde Perera suele hacer cierta conexión entre el mundo imaginario y la vida moderna y cuotidiana. Así, "El gnomo Quintín tenía complejo de inferioridad" y ya viejo iba a la taberna "a darse unos tragos" (ésta es una expresión cubana por 'beber unas copas'[5]). Ya algo ebrio, le pidió a la noche algo que no se oyera y ésta le dio el silencio. A Grano de Oro, el buey (es muy común en el campo de Cuba encontrar bueyes con ese nombre) le pidió algo que se sintiera pero no se viera. Este le dio el cansancio. Luego llegó al cementerio donde "un poco de miedo se le hizo presencia en el espinazo" y pidió en un susurro algo que no se pudiera tocar, ni ver, ni sentir pero que fuera amable. Los pinos le dijeron: "vete en paz. ...tomando la paz de la frase, se la echó al hombro" (*Cuentos para Chicos y Grandes*, 44).

Pues con su invento se fue a la Oficina de Patentes. Esta estaba en lo alto de una ceiba atendida por un gorrión. (La ceiba era un árbol sagrado para los indios de Cuba.)

Luego Quintín, con su saco al hombro recorrió el mundo cuando "caía la sombra y las estrellas aparecieron en el fondo del lago." Dejaba caer un polvito amarillo y todos "quedaban tranquilos en una casi muerte largas horas." Cuando la luna le preguntó qué había inventado al ver la tierra tan quieta contestó (y el lector ya ha adivinado, claro está): el sueño.

"Nadí" es el otro cuento de hadas en *Cuentos para Chicos y Grandes*. Tiene una estructura similar. El hada Nadí quería dar a cada cual lo que le faltaba. Fue a buscar juventud al Este, la paz a la Luna. Pidió salud a los robles, belleza a las estatuas del Museo Británico: "De robo a robo, total, no va nada" dice en una nota irónica (41). Y, por fin, trajo bondad del huerto de San Francisco de Asís. Así pudo dar al bosque el don de la felicidad. "Pero la noche hundía puñales de sombra en la alegría frenética del bosque" y todos quisieron robarla. (Inclusive las palmas, otra alusión a Cuba). Es un cuento muy breve que es casi un poema en prosa.

"Se hirieron ramas, aire, tronco, tierra, flor... Se desangró el silencio. Nadí salió huyendo, despavorida, por la negrura de la noche... La felicidad quedó rota. Y desde entonces nadie la posee más que a retazos, quebradiza, con miedo de perderla..."(42).

Dos de los *Cuentos para Chicos y Grandes* están ambientados en España. "Los burritos" ocurre en una aldea "de torre alta y patrón santísi-mo" (3) donde hay una doña Fermina "de moñito blanco y traje negro y

---

[5] Antonio Fernández-Vázquez dice: "La estrategia literaria de Hilda Perera se fundamenta en un estilo narrativo que refleja el habla y expresiones populares caribeñas.") (*Crítica Hispánica*, vol.8, no.1, p.27). Opino que las expresiones y alusiones, más que caribeñas son cubanas y, sobre todo en los cuentos, que no pretenden ser cubanos, se deslizan como se deslizaron 'las palmas' en la "Oda al Niágara" de José María Heredia.

chal negro y humor negro"(4) y un alcalde que "haría algo, algún día de algún año"(5). Los burritos "grises, de ojazos buenos, orejas largas y rabo (cubanismo, los españoles dicen 'cola') flecoso ...uno parecía de lana, otro hecho de fieltro..." evocan el recuerdo de Platero.

Aunque los cuentos de Perera no son didácticos, ni se deduce de ellos una moraleja, sí presentan ciertas normas de vida. Nadie sabe lo que tiene hasta que lo pierde. Si antes todo el pueblo se quejaba de las travesuras de los burros, al desaparecer éstos, los hombres tienen que hacer su trabajo. "Los del mercado sudaban a mares y se agobiaban llevando sus cestas. Los de la prensa no daban abasto repartiendo periódicos. Y el alcalde...pasó de gordo a flaco. Entonces empezó la nostalgia: —¡Eran tan buenos! ... trabajadores ...humildes"(8).

En "Pedrín y la garza" la voz narrativa sitúa a Pedrín Vázquez, que ha venido de Murcia con su padre tuerto, en un caserío mísero cerca de Sitges y del mar "junto a unas chimeneas humeantes que hacen noche de humo y donde unas máquinas...cogen arena blanca y la convierten en lava fangosa que se ha comido la yerba y no deja crecer árbol..."(35).

El narrador omnisciente, aquí, no sólo describe lo que piensa y siente Pedrín, sino también la garza. "Sintió dentro, la garza, la tristeza de lo imposible; sintió crujir dentro de su cuerpo blanco y estremecido la rebeldía de no querer resignarse; sintió esa pena, que también sienten los hombres, de renunciar a ser lo que se quiere"(38).

Los personajes de Perera en los cuentos infantiles son, en su mayor parte, animales que reaccionan como seres humanos, que hablan y sienten y sufren y lloran y tienen miedo. A veces el co-protagonista es un niño, como en el caso de Pedrín en "Pedrín y la garza" donde se desarrolla un tema de amor y lealtad por encima del deseo de libertad que en la garza es más fuerte por ser instinto.

El tema del exilio y la adaptación al nuevo medio que veremos en las novelas cortas, aparece de cierta forma en algunos cuentos. "Tatica" es una perrita que sale de ¿Cuba? No se menciona lugar pero todos los trámites y la forma de dejar el país, primero el dueño y, luego, el animal, hacen pensar en animales domésticos que, efectivamente, fueron sacados de Cuba por sus amos hasta el año 1962 en que cesaron los vuelos directos de La Habana a Miami.

Cuando Tatica es llevada al veterinario antes de ser embarcada, los perros dialogan entre sí. La chihuahua malgeniosa la aconseja: "—Tú, tranquila. El día menos pensado te embarcas y te reúnes con tu familia"(23). Agripino la recibe en el exilio de Nueva York. "Todo estaba gris y negro, como cubierto de humo" (24) y el pobre hombre sólo trabaja y trabaja, y suspira: "¡Ay, mi pueblo, mi río...!"(25).

"Chichi, la osita panda" también es una exiliada en el zoológico de Londres. Y como los niños exiliados que se sienten diferentes a los otros niños que hablan otra lengua y juegan a otros juegos, Chichi "...empezó a darse cuenta de que los demás animales del zoológico la miraban como a cosa extraña, y se sintió muy sola"(10).

"El loro pelón" también emplea el tema del exilio. Comprado el loro en Puerto Rico y traído a Nueva York, se entristece cada vez más porque sólo ve "muebles y lluvia y nieve. Pero ¡ni árbol, ni loro, ni sol!"(47). Como únicamente sabe decir: "Buenos días, Oquendo [y] Buenas noches, Oquendo" no puede explicarles a los Smith lo que le sucede y decide arrancarse una pluma cada día. Le traen una lora, pero es inútil. Ahora los dos se arrancan las plumas. Por fin, los Smith comprenden y los devuelven al árbol "más alto, más libre, más verde."

Otro tema utilizado por Perera es el de la identidad. *Rana, ranita* en verdad no quiere ser rana, pero como sabe que primero fue huevito, luego pececito y ahora es rana, piensa que pueda llegar a ser otra cosa. "¿Qué seré, qué no seré?" Desdeña al sapo porque ha decidido ser azulejo. Los pichones de éste son "morados, feísimos, pelones" y su chillar constante es peor que el croar de Ranita. Mas en vano trata de cantar, y menos puede volar. Cuando se cae a tierra con un gran ¡paf! acepta sabiamente su condición de rana.

"Pericopín", por su parte, se ve ¡tan feo con sus muchísimas patas y su camisa amarilla, siempre arrastrándose por la tierra! Sólo tiene un amigo que es el roble sabio quien le recomienda paciencia. A éste confía su temor de que va a morir. Pericopín deambula por el jardín sin saber que pronto será mariposa. Siente un gran sueño y piensa que "por feo, y por refeo, lo estaban matando." Cuando despierte tendrá hermosas alas de colores pero, muy adentro, será siempre Pericopín.

Hemos dicho que los cuentos infantiles de Perera son de temas universales y encajan perfectamente en cualquier país del mundo hispánico. No son cuentos cubanos aunque hemos apuntado en su lenguaje algunas expresiones cubanas no utilizadas en otras partes del mundo hispano-hablante. También hemos encontrado el tema del exilio, pero en un contexto más generalizado y no circunscrito al éxodo cubano. Sin embargo, en las novelas cortas para adolescentes, contemplamos el exilio cubano, más de cerca (*Kike*, 1984) o más de lejos (*Mai*, 1983, y *La jaula del unicornio*, 1991) localizado en un ámbito espacial: Miami, Florida, que es el espacio vital en que se ha desenvuelto Perera desde su salida de Cuba.

En 1980, apunta Antonio Fernández-Vázquez en la introducción a *La Novelística Cubana de la Revolución* que "la mayor parte de [la] producción intelectual y literaria [cubana -dentro y fuera de Cuba] sigue teniendo como su fuente primordial de inspiración a la revolución o a la serie de acontecimientos que ésta motivó".[6]

Indiscutiblemente que el acontecimiento motivado por la Revolución que más ha afectado a los escritores ubicados fuera de Cuba, ha sido el mismo exilio. Para los niños y jóvenes el desarraigo primero y la adaptación a la nueva lengua, a la nueva cultura han sido muy dolorosos, habiendo sentido la necesidad de rechazar la lengua y cultura de los padres para poder identificarse con sus contemporáneos en el nuevo país. La generación de Perera ha luchado por conservar en sus hijos la lengua materna y la cultura latina lo que originó dolorosos conflictos entre las dos generaciones. (Véase la novela *Felices Pascuas*, 1977.)

El primer conflicto surgió con los niños cubanos que fueron enviados sin sus padres a Estados Unidos en los primeros años de la década del '60 (*Kike*). Cuando la guerra de Vietnam y la caída de Saigón (1975), con el éxodo hacia los Estados Unidos de miles de niños huérfanos, Perera imaginó en esos niños de una cultura oriental (*Mai*) el mismo proceso de desarraigo y adaptación. Y, por último, entre los hispanoamericanos que llegan en grandes oleadas a Estados Unidos, sobre todo los centroamericanos (en la década de los '80) que se establecieron en el sur de la Florida, trayendo luego a sus hijos pequeños, Perera ha visto ocurrir el mismo fenómeno (*La jaula del unicornio*).

Jesús Andrés Lendián Gómez, mejor conocido por Kike, de ocho años de edad, narra en primera persona, utilizando el monólogo interior y el diálogo, las peripecias de su vida infantil, desde que sus padres lo pusieron, junto con su hermano Toni y sus cinco primos, en un avión de Cubana de Aviación con destino a Miami y a un incierto destino bajo el desamparo, más que amparo, de un abuelo viejo, pobre y que termina enloqueciendo y abandonándolos a su suerte.

---

[6] Antonio A. Fernández-Vázquez. *La novelística cubana de la Revolución*. Miami: Ediciones Universal, 1980, 9.

Uno de los grandes aciertos de Perera en *Kike* es haber logrado reproducir el lenguaje de un niño de esa edad[7]. Kike explica al lector: "las nubes son como humo, así que si te caes allá arriba, sigues para abajo y te escachas"(18).

Aunque la narración es lineal, hay recuerdos (flashbacks) que son una manera de aferrarse al pasado y sentirse parte de algo, ya que su futuro es un vacío. No le han explicado nada, sólo que memorice la identificación que lleva prendida a la camisa. Para distraerse y quitarse el miedo recuerda la vida en Cuba donde "no hay nada de nada". Su madre hace ensalada de pollo sin pollo y la cambia por toallas, sábanas o vasos hechos de botellas de Coca-Cola cortadas a la mitad. Su padre hace líquido de frenos con aceite de ricino. Puesto que tampoco hay maletas, su madre le hizo un 'gusano' con una tela gruesa. (Un 'gusano' es una especie de maleta larga y redonda, de confección casera.) Perera aprovecha los recuerdos del niño para apuntar los cambios ocurridos en la población 'burguesa' y su nuevo estilo de vida lleno de privaciones y de incertidumbres. Puede deducirse como una de las razones que motivó la salida en masa de tanto niño solo.

Ya en Miami los niños se ven aislados, no hablan inglés, no saben donde están a derechas y, además, están pasando hambre. Una vecina judía es la primera persona que los ayuda. Les da de comer y, supuestamente, es quien avisa a la trabajadora social que vendrá a recogerlos y situarlos en hogares y colegios, separándolos. Otra judia, en el supermercado, se hace de la vista gorda cuando los ve salir con los bolsillos repletos de golosinas y sin haber pagado. Les sonríe y les enseña el número conque los nazis la marcaron en un campo de concentración.

Kike y su hermano van a parar a los Everglades, a cargo de un matrimonio que ya tiene otros dos niños, pues el gobierno les paga por tenerlos en casa. La estancia en los Everglades y la amistad de Osceola, un indio micosuki, sirve para que Kike narre la historia de los indios de la Florida.

De nuevo vemos un personaje de Hilda Perera, que como Apolo, como Teresa en *El sitio de nadie*, está de parte de los marginados, de las minorías, y frente a la injusticia social. La novela abunda en personajes pertenecientes a los grupos minoritarios: los hispanos, Kike es cubano; Juanito, uno de los dos niños ya en la casa, es puertorriqueño y huérfano;

---

[7] Véanse más ejemplos del manejo del lenguaje infantil en *Kike* en Alicia G.R.Aldaya. *Encuentros literarios*, 27-28.

los indios, Osceola y su tribu; y, más adelante, cuando por fin el narrador sale de aquella pocilga en los Everglades a una casa de gente acomodada en Coral Gables, Kike no olvida a los menos afortunados. En el colegio se convertirá en el campeón de una negrita. "Me convertí en guardaespalda de una chiquita que se llamaba Lucy. La pobre era una negrita de esas que las peinan todas con trencitas y tenía mucho miedo de que le hicieran daño los mayores que se ponían a la puerta del colegio a insultar a los negros. Defenderla me hizo sentirme bien por dentro"(98).

Aldaya considera que: "La novela es una llamada a la toma de conciencia de algunos problemas actuales. (*Encuentros literarios*, 30). Me parece que el tema del exilio y el planteamiento de la situación de los niños atrapados entre las dos culturas, es el tema central. "Eso es lo malo, que todavía no sé inglés y ya se me está olvidando el español"(73), dice Kike.

La escritura de exilio es escritura de frontera[8] que exige que el narrador sea capaz de mirar simultáneamente en dos direcciones. Kike, retrospectivamente, recuerda las costumbres de Cuba mientras describe y se asombra ante todo lo nuevo que va descubriendo y aprendiendo. Pero la escritura de frontera, también exige un lector capaz de colocarse entre las dos culturas y de mirar en ambas direcciones.

Así, cuando Kike dice que Mike le dijo a la trabajadora social una palabra que suena como 'playa' pero que no es playa y no se le debe decir a ninguna señora, el lector debe poder adivinar la palabra convirtiéndose así en el cómplice del narrador. Yendo en la otra dirección, cuando recién llegado a casa del Dr. Hamilton, la señora Hamilton, después de la comida, lo lleva al baño y abre la ducha indicándole con gestos que se bañe, Kike dice: "si uno se baña acabado de comer, se le vira la boca y le da un soponcio. Por lo menos, eso era lo que me decía mi abuela"(93). Todavía arraigado a sus costumbres, no se baña de ninguna manera. Pero abre la ducha y deja correr el agua fingiendo que se ha bañado porque no quiere que lo crean 'un cochino'...porque hubiera sido "una lástima morirse en una casa tan bonita, con piscina y comiendo bistés"(94).

Sin embargo, cuatro años después, cuando por fin sus padres logran reunirse con sus hijos en Miami, éste se ha adaptado a la nueva lengua y cultura y su primera reacción es de rechazo: "—¡Yo no tengo que irme con ellos! ¿Para qué me mandaron solo para acá y me dijeron mentiras? ¡Si se quedaron en Cuba, fue porque les importaba más la finca y la casa que mi

---

[8] D. Emily Hicks. *Border Writing*, xxiii-xxxi.

20

hermano y yo! Además, casi ni me acuerdo de ellos!"(108). Volver a ajustarse al modus vivendi cubano no fue fácil para Kike, y menos para los padres aceptar las costumbres norteamericanas adquiridas por el hijo, y los deslices al inglés en medio de una frase. Por otra parte, los exiliados mayores viven del: ¿te acuerdas de...? , mientras la nueva generación no recuerda nada o casi nada de aquel otro mundo medio olvidado.

La novela se cierra con un breve epílogo: "Hace un sol que raja las piedras. Tengo veintisiete años y estoy en Cayo Hueso"(121). Es el año 1980, el año del gran éxodo de cubanos por el Mariel. (Luego Kike dejó Cuba en 1961.) El epílogo sugiere que Kike superó la etapa de adaptación y ha recuperado su identidad cubana. Ha ido allí a ayudar: "...siento que soy yo también, un niño solo...Se me hace un nudo en la garganta"(122).

Me parece que esta novela forma parte del ciclo de novelas cubanas de Perera que, como he dicho en otra parte[9], son imprescindibles para estudiar el proceso revolucionario y sus consecuencias para dos generaciones de cubanos exiliados en la frontera de dos culturas.

Mai, publicada en 1983, está inspirada en los sucesos ocurridos en Saigón, cuando los últimos bombardeos y, finalmente, la caída de la ciudad en 1975 y éxodo de manera dramática de un último avión cargado de niños huérfanos. Trata el tema de la adopción junto al del exilio. Ambos presentan los mismos problemas para un niño, cualquiera que sea su raza o nacionalidad.

Escrita en tercera persona, la voz narrativa se desplaza entre dos planos espaciales, el Miami de los exiliados cubanos y el Saigón de Mai. Se abre la historia en un presente bien definido: 10 de mayo de 1979. La madre adoptiva recibe en sus brazos a la pequeña que acaba de descubrir que no es quien creía ser."—Tú eres china, huérfana y, además, vietnamita"(7) — le dice Benito Pérez quien era" prieto, gordo, desamigado y hostil"(5).

Se cierra el primer capítulo con la madre tratando de explicarle a la niña de cinco años que hay hijos "del corazón". La acción retrocede en el segundo capítulo a 1975 y ya continuará en una narración lineal hasta el final, sólo desplazándose geográficamente.

En Saigón, tras un horrible bombardeo, la niña queda viva y es recogida por una pandilla de niños que tratan de sobrevivir. La dejan

---

[9] "Hilda Perera: una voz en el exilio" *Alaluz: revista de poesía, narración y ensayo.* v.XXIV, ns.1&2, Primavera-Otoño, 1992. 93-96.

finalmente en el orfanato 'El Buen Samaritano' y Sor Patricia, mujer enérgica, se hace cargo de salvarle la vida: "De muertecita, nada. Démela acá"(56), y, luego, de sacarla del país y traerla a Estados Unidos en aquel último vuelo.[10]

Desplazándose a Miami la acción, la voz narrativa cuenta cómo María Gómez, desde siempre había pensado adoptar una niña, aún desde que llegó de Cuba con su marido y sus dos hijos varones "casi con lo puesto." Pero ya el marido tenía una cafetería con especialidad en sandwiches, en Flagler y la Ocho, y ahora ya podía realizar su sueño. La familia, pues, es una típica familia cubana que vive y trabaja en lo que se llama 'La Pequeña Habana' donde existe, atrincherada, la cultura de los cubanos, que no se ha dejado permear por la cultura norteamericana.

Los preparativos en Miami para la llegada de la niña adoptiva permiten a la voz narrativa penetrar de nuevo el ambiente cubano donde habrá de ser recibida. Al enterarse de que la niña es vietnamita el compadre le dice a Luis: "Mi hermano, ¡ésa es una obra grande!...¡Una cadena de amor que une a todos los exiliados del mundo!"(75).

María regresa de California con la niña de apenas un año, que no hace más que llorar. Cuando la abuela adoptiva la toma en brazos para cantarle, la pequeña ve entre las medallas que lleva ésta al cuello, un crucifijo. "Por primera vez sintió que algo inteligible unía a los dos mundos distintos" y reconociendo el crucifijo que llevaba también Sor Patricia dijo: "Papa Dieu, amma —y se quedó dormida"(114).

En *La jaula del unicornio* son tres los personajes femeninos quienes, a través de monólogos interiores e inesperados cambios de punto de vista, atrapan al lector, depositario de sus íntimos pensamientos y único conocedor del porqué de las reacciones de cada una que, sin embargo, resultan incomprensibles para las otras dos.

Aparece también la sombra de una cuarta personalidad femenina a quien la vida se escapa, pero quien aún, en rayos de lucidez, retoma su papel de más severo crítico cuanto más ferviente admiradora de su hija Estela.

Esta, cubana de clase acomodada, escritora e idealista ["si me sale bien una página, es una fiesta; pero si pienso que ya nunca volveré a

---

[10] Alicia G.R. Aldaya ha hecho un excelente estudio de la caracterización del personaje de Sor Patricia en el capítulo "Mai, acendrada ficción" de *Encuentros literarios* 19-25.

escribir, porque me he secado como un pozo, me desespero"(72).] tiene a su servicio a Mercedes, hondureña, inmigrante ilegal, a quien la vida ha hecho fuerte y su sangre de indio totuma, terca y altiva ["...señora Estela, no la necesito. Ni falta que me hace. Porque a mí no se me hacen favores y nadie me disminuye. Y no aguanto tener que agradecer"](10).

El tercer personaje femenino es María, la hija de Mercedes, a quien su madre hace venir de Honduras, pero cuya responsabilidad legal asume Estela. Se crea así el primer conflicto para la niña pues ambas mujeres pretenderán formarla.

Una con todos los derechos de madre; la otra...el unicornio. "...fui unicornio un tiempo...Me iba sola por las colinas verdes al atardecer. Y nos quedábamos, yo mirando al cielo y él mirándome a mí, mientras se ponía rosado, gris y malva...El que ha sido unicornio siempre quiere volver a serlo..." (27-28).

El segundo conflicto para María será la presión del medio social que la hace convertirse en Mari/Mery. Va soltando las amarras de su español aprendido en la cuna para adoptar frases y manerismos que le den cabida en el nuevo mundo adoptivo.

En escenas retrospectivas Mercedes y María reviven episodios que han marcado sus vidas y moldeado sus personalidades. Sólo el lector es cómplice de tales recuerdos punzantes. En Estela, en cambio, el recuerdo del desarraigo del suelo patrio aparece atenuado por una situación social y económica que la colocan a años luz de la 'ilegal' Mercedes.

Comparando los cuentos infantiles y las novelas para adolescentes se podría decir que en los primeros predomina la imaginación y en las segundas, la realidad, con los temas de exilio e identidad como principal preocupación, sirviendo de telón de fondo siempre la cubanidad inquebrantable de la autora.[11]

---

[11]La última novela para adolescentes de Hilda Perera se titula *Perdido*. Resultó finalista en el primer concurso "A la Orilla del Río" y acaba de publicarse en primera edición de 1994 por el Fondo de Cultura Económica, de México. Está hermosamente ilustrada por Antonio Helguera.

OBRAS CITADAS

Aldaya, Alicia G.R. *Encuentros Literarios*. Montevideo:Editorial Geminis, 1985.

Fernández-Vázquez, Antonio A. "Acercamiento a la novelística de Hilda Perera." *Crítica Hispánica*, vol. 8, no.1(Spring, 1986); 27-35.

—————— *La Novelística Cubana de la Revolución*. Miami: Ediciones Universal, 1980.

Genette, Gérard. "Structuralism and literary criticism." *Modern Criticism and Theory*, David Lodge, ed. London & New York: Longman, 1994; 62-78.

Hicks, D. Emily. *Border Writing: the Multidimensional Text*. Minneapolis and Oxford: University of Minnesota Press, 1991.

Iser, Wolfgang. "The reading process: a phenomenological approach." *Modern Criticism and Theory*, David Lodge, ed. London & New York: Longman, 1994; 212-228.

Perera, Hilda. *Cuentos de Adli y Luas*. La Habana: Dirección General de Cultura, Ministerio de Educación, 1960.

——————*Cuentos de Apolo*. [3a. ed.] Miami, Fla.: Distribuida por Franhil Enterprises, 1975.

——————*Cuentos para Chicos y Grandes*. Valladolid: Editorial Miñón, 1976.

——————*¡Felices Pascuas!* Barcelona: Editorial Planeta, 1977.

—————— *La jaula del unicornio*. Barcelona: Editorial Noguer, 1991.

——————*Kike*. Madrid: SM Ediciones, 1984.

——————*Mai*. Madrid: SM Ediciones, 1983.

——————*Pericopín*. Madrid: Editorial Everest, 1980.

——————*Podría ser que una vez*. Madrid: Editorial Everest, 1981.

——————*Rana, ranita*. Madrid: Editorial Everest, 1980.

——————*El sitio de nadie*. Barcelona: Editorial Planeta, 1972.

Romeu, Raquel. "Hilda Perera: Una voz en el exilio." *Alaluz: revista de poesía, narración y ensayo*. 24, ns. 1&2, (Primavera-Otoño, 1992): 93-96.

Rovirosa, Dolores, comp. *Bibliografía de Hilda Perera*. Miami, Fla., 1991.

Forging an Identity in Exile:
Three Novels for Young People and Adults

Wilma Detjens
Wichita State University

As an important part of the Cuban American community in Miami, Hilda Perera expresses not only the point of view of the Cuban exile, but the point of view of a member of any group searching for identity and meaning in a place outside their homeland. Three of her works in particular demonstrate a very positive view of the process of discovery. These works are all targeted to a younger audience as evidenced by their moderate length and relatively direct approach, but they also contain deep and complex messages for the adults who read them. *Mai* is the story of a Vietnamese orphan who must deal with the fact that she is adopted. Her Cuban American parents offer her an ideal context in which to develop, and by the end of the work she has progressed significantly in reconciling her "ojos chinos" (Chinese eyes) with her new environment. *Cuentos de Apolo* is the story of a child who must finally leave his home, and though he does not leave his country finds himself as much an exile as the other children in this study. *Kike* is the story of a young boy who has left Cuba without his parents and who has considerably more trouble making a home in the United States than does Mai. Despite his difficulties, he progresses until he is finally able to greet the passengers arriving from the Mariel boat lift and offer them help in adjusting to their new home.

Alicia Aldaya begins her article on Hilda Perera's *Kike* by defining the particular niche which children's books occupy within the realm of world literature:

> Hilda Perera, destacada escritora, se halla entre la plétora de autores que han dedicado su talento literario a obras para adultos, y con igual éxito, a libros destinados a pequeños o jóvenes lectores. Tagore, Tolstoy, Wilde, Kipling, Dickens,

Fernán Caballero, Daudet, Valera, Alarcón, Clarín, Juan Ramón Jiménez, Martí, Gabriela Mistral, Ana María Matute, e Isaac B. Singer son algunos ejemplos cimeros que robustecen la ya aceptada premisa: la literatura infantil no es un subgénero literario, sino sencillamente, literatura. Se le adjetiva infantil, para subrayar que el escritor está consciente de las necesidades, peculiaridades psicológicas, y el interés, característicos del estadío en la evolución del niño o el adolescente que leerá la obra. (76)

I will then discuss the themes of exile and adoption in Perera's *Mai* as "simply literature," adjectivized as "children's" because the author displays a profound understanding of the concerns and psychology of childhood in the context of the adult world that these children are attempting to comprehend. Exile becomes a central theme in this novella in which a tiny Vietnamese war orphan, taken from her native land only moments before the fall of Saigon, finds a new home within Miami's emigré community as well as the moral support of other exile groups in that city. A very special meaning is given to the term adoption in this work as a friend of Mai's new father praises his noble action. The reader is led to perceive adoption as a means of alleviating the pain of exile and the ultimate goal of displaced people world wide as the friend proclaims, "—Mi hermano, ¡ésta es una obra grande! —levantó los brazos como si abrazara a algún gigante, y añadió—: ¡Una cadena de amor que une a todos los exiliados del mundo!" (75)

The positive note obvious in the preceding quotation prevails throughout the book despite descriptions of Mai's seemingly hopeless situation immediately before the fall of Saigon. The strength and independence demonstrated by the juvenile characters, the love and concern of the adults who affect their lives and the intervention of an apparently divine force make possible the basically happy life Mai enjoys at the beginning of the book. The most negative parts of her history are seen as flashbacks, so readers are already sure that Mai will somehow survive and grow into the delightful child who is just now learning what it is to be adopted. She is not yet totally conscious of her status as exile and orphan, and she must still face the remarks of her schoolmates concerning her "Chinese eyes". Nonetheless, the stage is set for a successful resolution of these problems and the reader is left with the feeling of hope. Mai is not an escape into a fairy tale world of childhood dreams, but the description of the confrontation at a very early age with some of life's more serious problems: identity, loyalty, survival and self esteem. The author of *Mai* presents these themes in a way valuable to older and younger readers alike.

Perera initially provides the readers of *Mai* with a picture of what adoption should not be. The girl's classmate, Benito, is an exile and is living with his grandmother because his parents are divorced. His exile is therefore twofold, but he is not technically an orphan. His parents are not actually dead and he is not legally adopted, nor has his grandmother taken on all aspects of the role of adoptive mother. She complies with the mechanical obligations of child rearing but leaves a great need unfulfilled. She is not an adequate "vice mother," hardly a substitute for the real thing:

> Así y todo, estaba dispuesta a cumplir con los deberes del
> abuelato siempre que fuera con el menor cansancio posible.
> Creía que con dar casa, comida y ropa limpia y decir "¡cállate
> muchacho!", "¡no corras!", "¡pórtate bien!" y "¡mira bien antes
> de cruzar la calle!" cumplía su papel de vicemamá. (6)

Benito is aware of the emptiness in this situation and strikes out in jealousy and anger against Mai because of her obvious difference from the other children. She is happy in a family with loving parents, but unlike the others she has "Chinese eyes" and does not bear a physical resemblance to her adoptive parents. In order to deal with Mai's sorrow María has to explain that although she is not their biological daughter, she is their daughter in love and in every other way. The symbols she uses to explain this to Mai are accessible to younger readers and eloquent to adults. María points to her lower abdomen to indicate biological motherhood (los niños vienen de aquí) and her heart to indicate her emotional ties to Mai. The separation of the upper and lower body in this manner evoke age-old discussions of man's higher and baser instincts. Meanwhile, there is no question as to Mai's place in María"s heart.

María is an exile and an orphan in reverse. Her only daughter died as an infant, and though María has two wonderful sons, they are growing older and more independent, causing their mother to feel more and more useless. She longs for a baby, particularly a little girl, to fill this void in her life and takes on the responsibilities of starting the paperwork for the adoption process despite her problems with English and the seeming hopelessness of the situation from the very beginning. Initially, it appears that she will have to wait a very long time to adopt a child unless she is willing to take one of the older boys with physical and/or emotional problems who so desperately need a home at this very moment. Nevertheless, even María's name evokes the essence of motherhood, and the reader can be assured that this role will be fulfilled. Her husband, Luis, is certainly not opposed to the idea of adopting and has been taught by his father that if his wife asks him to jump off a balcony just to try to make sure it is a low one. He is cooperative but does not feel the intense emotional need to complete this project that María does. She goes alone to the adoption agency and alone to Oakland to pick up Mai when the child arrives sick and weak from Viet Nam. She alone holds and tries to comfort the crying baby on the long trip back across the country to Miami. She will, however, eventually receive the support she so desperately requires.

The final success in the process of adoption and the lessening of the pain of exile depicted on the last page can be directly attributed to the symbol of the cross which unifies Mai's adoptive grandmother in Miami with the grandmotherly Sor Patricia who cared for Mai as well as many other children in the orphanage in Viet Nam. For some unknown reason Sor Patricia's cross was the only thing that would comfort Mai and cause her to stop crying and finally request the food she had been refusing to eat. When Mai discovers a similar ornament among the chains on her adoptive grandmother's neck in Miami, the same results are achieved. Although María had not been immediately successful in quieting the infant's fears, the strong bridge that has been built by the grandmothers' crosses gives the assurance that Mai will eventually accept her new home and thrive on the love she will find there. When Mai finally says "amma, amma," she may be requesting food in Vietnamese, but she also seems to be asking for the love and care that is equally necessary for her growth and progress. It is significant to the vision of orphanhood, exile and adoption here presented that neither the biological nor the adoptive mother wears the symbol that finally unites the two worlds that Mai must eventually reconcile. Others are needed to complete this process. Janine, the biological mother, and María, the adoptive mother, were in turn legally responsible for Mai's well being, but due to the tragedy of the war in Viet Nam neither could have seen Mai flourish without help. Mai's two worlds are finally united by a symbol which does not evoke a mother, not even a substitute mother, but another loving, caring person who has no legal or biological ties to the child.

The examples of orphans and exiles multiply and reinforce each other in this work. Three orphans find Mai alive after a bomb has killed her mother and destroyed her home, this thanks to her mother's presence of mind in actually throwing Mai out of harm's way just as the bomb falls. These children together form a picture of orphanhood which is both moving and complete. The younger boy, Jimmy, is perhaps most representative of the mixture of exile and orphan so in need of adoption which recurs throughout the book. He is "different," just as Mai is different, because he is half American and half Vietnamese. His sad plight at the beginning of the book leads the reader to wonder if he will ever fit into either culture. His determination and willingness to act, though they are ill-timed in that he is supposed to be obtaining milk for the weak and ailing baby Mai, gain Jimmy an adoptive father. Through sheer force of will he convinces an American soldier, not his real biological father but the possible father of other Asian-American children, to adopt him. His dream is to live in New Jersey, and it appears that this dream will be realized. The other two children succeed in surviving and bringing Mai to safety at the Catholic orphanage without compromising their tenuous situation. They will remain in Viet Nam, and they will survive and succeed in building some kind of a life for themselves there.

The picture of the Vietnamese people which ends with the introduction of Mai's mother, Janine, gives the readers a complete description of the roots of exile. Each paragraph which precedes the final anecdote begins with the exotic name of a Vietnamese citizen displaced by the war and continues with a brief description of their troubles. After the likes of Lan Tuyet, Van Chung and Minsho, the name Janine, neither Vietnamese nor Hispanic, catches the immediate attention of the readers. Even though a name of French origin in Viet Nam would not be too strange, the name Janine seems exotic in this context. "Janine no sabía qué hacer," is the first thing that the author shares with her public regarding Mai's mother. There is no immediate solution to her dilemma, and no further information on how she found herself in this situation on how she obtained the name Janine. Violently and instantaneously, her world is shattered. She is killed and she saves her baby in an impulsive gesture which might well have ended Mai's short life. Nothing is secure, nothing lasts for any amount of time, and there is no assurance anything is real at all. That is a fairly accurate description of the consequences of both exile and orphanhood.

The scene in which Mai's room is prepared gives us a composite picture of exiles in Miami and demonstrates what can be accomplished with their united efforts. Every part of this project is completed by someone in exile. One by one — from the carpenter who smelled of cigars to Fela and the other workers at the children's clothing store — exiles from Cuba, Latin America and Germany take part in creating a sanctuary for the little Vietnamese orphan. Each may have only a small part in the end results, but these results are tremendous. Finally, "Ya estaba el cuarto en marfil, con muebles, cortinas, sobrecama, banderas de Estados Unidos y Vietnam, y el armario atestado como si la niña fuera a llegar mañana." (89) A room that is dark and used only for storing unused and unneeded objects is turned into a place of light and understanding, love and beauty, a fitting place to raise a little girl who has been longed for so earnestly, a place where the flags of the two countries, the land of her birth and her adopted homeland, can coexist in harmony. These people were collectively successful in completing work on the room, but this collective success only mirrors their individual strength and versatility, as the neighbor who paints the room tells María, "—¡Hija, yo en este exilio he hecho de todo, menos coser para afuera!" (86)

Another political situation of global importance is evoked by the very names of the people who engineer Mai's escape from Viet Nam. Sor Patricia surname is O'Leary and the man who refuses to take no for an answer when the authorities question the safety of his plan to evacuate people from Saigon is "el buen irlandés Malcom O'Brien." (93) The Irish are another people who might ask, along with Sor Patricia, "—¡Ciento setenta y cinco mil muertos, millones de refugiados, miles y miles de huérfanos! Sor Marcelina, ¿por qué existen las guerras?" (81) Suffering is worldwide, exiles and orphans exist in all countries, and one solution is adoption, which means taking responsability with love and despite all difficulties for at least one person who is in pain. Viet Nam, Cuba, Central America, Nazi Germany, Northern Ireland, all are places which have produced exiles and orphans, and together they represent a good portion of the world, made larger by the intensity of feeling that has been created.

Through adoption the identity which has been cruelly ripped away in orphanhood and exile can be returned. Mai will know who she is, the daughter of the heart for María and Luis, and will perhaps eventually find out something about Janine, and not even the readers know anything about her father. Loyalty is shown to countries of birth and adoption. Mai has the flags of both the United States and Viet Nam in her room, and María expresses not only a love for her country of birth but also for her adoptive country which she decides, after she is assured of fulfilling her dream of having a baby girl, has treated her very well. The orphans and exiles of Viet Nam struggle daily just to keep alive, and Mai survives against all odds. The exiles in Miami who survived fleeing from their homelands and some cases from prison have surely been given a strong sense of self-esteem and hope in knowing that surely they have come through the worst life has to offer and the rest will be relatively simple. They are portrayed as caring citizens of their community, not all of them rich but all of them willing to share what they have with María and Mai. Mai is also strong enough to withstand the comments about Chinese eyes because she is assured of her identity as María's child of the heart. Perhaps she will eventually be able to help the classmate with the cruel mouth to resolve his problem and find his identity.

Orphanhood and exile, then, rather than being seen as completely negative phenomena are seen as trials which strengthen, a chain of love that can bind people in adverse situations. They compliment and interwine so that they serve to strengthen and clarify a person's identity, increase loyalty to the adoptive society, affirm the possibility of survival and in the final analysis increase self-esteem. What Alicia Aldaya says about Perera's *Cuentos para chicos y grandes* in her book *La narrativa de Hilda Perera* can also be aplied to *Mai*.

> El rasgo común en todas estas breves narraciones es esta velada dualidad. La escritora cubana cuenta temas risueños, ilustrándolos con nítidas y plásticas descripciones, observaciones y diálogos, despertando y fascinando la imaginación infantil, pero también asoma, incontrastablemente, la experiencia adulta más cerca de la realidad, más adusta, a pesar del humor, paliativo eficaz. (112)

In a 1992 interview, Hilda Perera says the following about her first book:

> Entonces, curiosamente, yo no creo haya podido exceder al primer libro que hice para niños, *Cuentos de Apolo.* Yo hubiera querido para toda la vida conservar la candidez, la intuición con que está hecho ese libro. Desde luego en ese tiempo tenía unos diez y siete años. Luego, no hay nada de artificio, no hay nada de técnica realmente sino todo este entusiasmo. Todo esto era para mí...era como recién descubierta la literatura, o sea es una especie de regocijo en descubrir lo que es la literatura. Y esa primera ilusión, ese primer impacto con la literatura no puedes volver a lograr. Es como tener el primer hijo, ya no puedes tener el segundo de igual manera. (76)

She also stressed the importance of her books for children within the context of her entire ouvre, saying that she always seems to write a children's book after having finished another project, "sembrando así entre col y col lechuga". She explains in "Consideraciones sobre la literatura infantil" that it is not easy to write good children's literature and that "Ni a estas alturas estoy ya tan segura de que la literatura infantil sea sólo para niños, puesto que la disfrutan en igual medida niños y ex niños." (14) She also differentiates between children's literature meant to be read by children as they learn to read and literature meant to be read to children by adults. Dr. Perera then notes that it is her experience that children would much rather be read to by a real live adult with a warm, ample lap than watch a cold television set which cannot listen to them and answer their questions.

Many critics have recently begun to recognize the value of these children's works. One example is Marisa Bortolussi in her work, *El cuento infantil cubano: Un estudio crítico*. She says:

En 1947 se publica en Cuba una obra que por lo visto cambia el rumbo de la literatura infantil de este país. *Cuentos de Apolo*, de Hilda Pereira (sic), ofrece un cambio refrescante. Rompiendo con la tradición fabular, introducen una total innovación a todos los niveles, pero principalmente en la visión del niño y del mundo infantil y, por consiguiente, en la relación entre emisor y receptor. De este cambio radical nace una nueva narrativa infantil. (93)

Dr. Bortolussi ends her analysis of these short stories with a series of questions concerning the discourse between the reader and the narrator. Finally, she reflects, can a child truely appreciate all this innovation, this free indirect discourse, this advanced narrative technique that can be found in so-called children's literature? In my discussion of *Cuentos de Apolo*, I shall then investigate the symbolism, the themes and the narrative voice of the work in order to clarify the relationship between what is being narrated and the reader, both adult and child. I shall focus on the metaphor of the ocean and the manner in which the triumphs and failures of Apolo's every day life are narrated, relating all of this to que questions of social justice, death and religion and with the description of the process of growing up, that is to say the difficult path Apolo must follow in order to reach the beginning of maturity. Each sentence in this work has its purpose, and the voice which presents the adventures of little Apolo does so in a manner which captures the imagination of children at the same time that it touches the heart of the adults who read it. The themes which are presented are serious and worthy of adult consideration yet nevertheless form a recognizable part of a child's experience. In the description of Apolo's everyday life each reader can see mirrored his own existence and his deepest feelings whether that reader be the age of our protagonist or already grown.

It has been said that children's literature is characteristically lacking in difficult metaphors simply because its intended readers are not capable of understanding them. *Cuentos de Apolo*, nevertheless presents a very strong and moving metaphor which is within the grasp of children and adults. It is the ocean and the strong desire to know it which represent the mysterious, the exotic and all things outside of our quotidien experience. This may have greater meaning for an adult who is more familiar with the world and understands the power and the vital force of the ocean, but it is also comprehensible to the child who has the whole universe before him to explore. Poor Apolo is very disappointed when he finally reaches the ocean. After talking with many people about the mystery of the sea without having received an adequate answer to his most burning question, "What is it like?", he finally asks Adela, for whom he occasionally runs errands, because it is his opinion that she will surely know. It just so happens that Adela is about to go shopping in Havana and proposes that Apolo come with her to help her carry packages. In passing he will also see the ocean. So the hope of illumination is kindled in the little boy's breast and the excitement of beginning an adventure takes on universal meaning.

The maritime metaphor and Apolo's perception of the sea develop gradually. First, Apolo's teacher attempts to explain the sea to him in pedagogical terms using numbers and geographical references which do not have the slightest meaning for her young student. Apolo procedes doggedly with his investigation, but the priest to whom he goes next cannot find any word but "immense" to explain the significance of the ocean. For Apolo, immense means only "very big", like his father is very big, only the ocean is much bigger than his father, and this does not help him a bit. Finally he asks Adela, and she offers to show it to him rather than to explain it. We can only imagine Apolo's excitement at this time because the author narrates only his actions and not his thoughts. The reader, nevertheless, is led to understand his curiosity, his hope, his anxiety and his final disappointment at still not being able to understand the phenomenon to which he is an eye witness.

After completing his chores for Adela and waiting impatiently all day, Apolo finally arrives at the Malecón in a rented car as the sun is setting. The water which Apolo sees is gray and getting darker every minute. "El agua se iba poniendo gris lentamente. Después quedó toda negra y aparecieron hundidas en ella luces de la ciudad. Al frente, guiñaba la farola del Morro, y en el mar, la luna haciendo carretera." (21) Apolo is frightened when he sees the reflections of the city lights and the moon in this immense body of wateer: "Entonces volvió la espalda asustado, y la ciudad abierta, íntegra de luz, se rió de su miedo."(21) Besides fear and shame, Apolo experiences other disagreeable emotions: "Pero el niño, que ya estaba cansado, se dirigió hacia ella [la señora Adela] molesto de que fuera esta persona atenta, exacta, y no su madre cómoda, quien lo estuviera esperando." (21-2) He is quite fond of Adela — he even asks her if he can stay with her when he finds out that his family has to move — but, like all children, he wants to share his most significant experiences with the most important person in his life, and at this moment that person is his mother. After such a difficult, exhausting day so full of promises and contradictory emotions, Apolo expected at least to have satisfied his curiosity. He should now understand what the ocean is like and be able to explain this discovery to his loved ones, but this is not the case. The chapter ends on the following note:

> Ya en el ómnibus, mantuvo los ojos fijos en los árboles, en los postes, en los pueblos iguales y aburridos, que pasaban como sombras, llenos de prisa. La señora lo miraba esperando algo; pero Apolo seguía obstinado en su silencio. Estaba confuso, porque las cosas no son como debieran ser: a su hermano le llamaban Ho-mo-bo-no, y era chiquito y a aquello tan inmenso que había visto, nada más que "mar". ¡Cualquiera se enreda! Pero tenía polvo y cansancio de la ciudad metidos dentro, y sintiendo que prefería su bohío, y el parche verde de la caña, y el surco amigo de la tierra, se acurrucó en un sueño... (22)

Those three periods indicate something which is to be continued, but never again throughout the rest of the book does Apolo speak of the ocean. The adult reader is led to wonder if the poor child will ever know the sea (both in the physical and metaphysical sense) while young readers know that they must also continue their investigation of the delightful mysteries which life holds for them.

Apolo's first victory is presented immediately after the episode about the sea. The suspense necessary to hold the child's attention and which is no less desireable in the case of adult readers is increased with each sentence of the episode in which Apolo is presented gathering the resources with which he plans to buy something so special and so secret that it cannot even be named until the end of the episode. The family's poverty is quite evident from the very beginning when we see that Apolo "se viste con un pantalón que había sido azul, y lo ajusta a la cintura con un cordel." (25-6) Apolo's social class is also clear in his manner of speaking, of which we could cite many examples, but it suffices to say that the socioeconomic theme is presented without many details. The most important thing is the direct, fresh, honest manner in which the child reveals his goal and his absolute refusal to share this prize with anyone: "—Falta poquito, falta poquito. Virgen de la Caridá, ¡que no venga Guisaso, ni nadie! (35)" Children understand this ostensibly forbidden but commonly occurring selfishness perfectly, and adults can add to this feeling a deep sense of humorous compassion when they finally read, "Apolo abre los ojos y la ve: erguida, invitándolo, ¡la soda de chocolate!" (35) So much work, so much worry for such a simple pleasure which symbolizes all of this poor child's hopes and dreams makes the adult reader cry and laugh at the same time as he contemplates the enormous significance of this chocolate soda for Apolo.

Immediately after this great triumph comes Apolo's first great tragedy, one which for children might only evoke a logical extension of their typical reaction to a situation which doesn't suit them: "That's not fair!" For mature readers these same circumstances will engender a legitimate sense of indignation in the face of flagrant injustice. After hearing about a party which is to take place at the house of a rich little white girl who lives nearby, Apolo hurries over to see if he can help her mother with the preparations. He assumes that he is also invited and becomes very excited thinking about the games and the cake to come. After working very hard and running home to change into his most decent clothes, Apolo suffers another disappointment, this time at the hands of the birthday girl's mother: "—Bueno, aquí tienes, ya puedes irte para tu casa. Y le entrega quince centavos." (45) Apolo's exact thoughts are: "¿Irse? ¡Pero...¿y la fiesta, y la piñata, y los dulces, y el burro...?! ¡Si había corrido tanto! Irse..." (44) The narrator's interpretation of the situation is made clear in his last observation, "Y metió su mano negra, negra, en el bolsillo del pantalón." (44) Because of his social status and due to the color of his skin, Apolo has been denied the simple pleasure of attending a birthday party with most of the rest of the neighborhood children. Sadly, many children experience similar rejection, but thankfully there are many adults who remember such incidents and want to spare other children this pain.

35

Despite the serious treatment of these important themes, it would be unjust not to insist that all of Apolo's adventures are not so tragic. Cousin Chichita's visit is a perfect example of the comic side of the work and also of the way in which the protagonist is portrayed. Apolo has always enjoyed his cousin's visits, and she has even been initiated into the secret organization of which Apolo is the supreme ruler, "la Banda Negra de los Matasiete." This summer is different. The girl has grown some, and Apolo's mother is very worried about her niece. She will not let them do the very things which had always been the most fun and customary because Chichita might be hurt:

Apolo no podía salir a jugar con sus amigos, porque Chichita iba siempre detrás de él. Era como si le hubiese nacido una sombra nueva. No podía trepar la mata de mango, porque "se puede lastimar Chichita". Ni meter, como antes, los pies en el agua fangosa del río, porque "Chichita puede coger un catarro". Ni subir a la loma, "porque Chichita se cansa", ni saltar encima del potro bayo, ni ir al galope, porque "Chichita le tiene miedo a los caballos". (51)

The most comic incident occurs when Chichita insists that Apolo play dolls with her and even try to put the baby doll to sleep in his arms. Apolo's mother supports Chichita and orders him to do as she wishes. He begins to sing "Duérmete mi niña", and "De pronto, la voz se le escurrió y quedó boquiabierto. Delante de él estaban los de la Banda Negra de los Matasiete: Guisaso, Mongo, Goyito y Trucutú, que habían venido en busca de su jefe." (52) The banda's reaction and Apolo's defense are not set forth here. Young and older readers alike can easily imagine Apolo's embarrassment, but it is clear in subsequent episodes that Apolo remains the leader of the band and seems to maintain the respect of all concerned. The theme of human equality is also touched here as Chichita was a part of the group in spite of the fact that she was a girl and Apolo retains his leadership despite his transgression of the traditional roles of girls and boys in society and general perceptions concerning the proper toys for each.

Another humorous scene is the recital by Apolo of José Martí's "Cultivo una rosa blanca" at a school festival. The honor of having been chosen for this presentation fills Apolo with pride. "¡Ey! — Apolo piensa — ¡que yo soy el negrito más importante que hay en la tierra!" (71) The poem itself exemplifies a mix of juvenile and adult themes as evidenced by the fact that it is both memorized by school children and analyzed by scholars. The first to speak is the mayor, and he himself is a comic figure:

36

El pobre hombre seguía, afanoso de un final, dándole vueltas a su vocabulario, haciendo anáforas, retruécanos, asíndeton, aliteraciones: todo lo que había aprendido en la Preceptiva, el segundo año de Bachillerato. La gente empezaba a demostrar su impaciencia. Las sillas chillaban de aburrimiento. (74)

The narrator uses technical language and a literary recourse similar to those which are mentioned, the personification of the chairs, in order to demonstrate how inappropriate this manner of expression is before an audience of children and their parents. Apolo presents himself quite differently. At first he pronounces without pause or expression the works of the poem, but he gains confidence and raises his voice " — como el alcalde — en el último verso". (76) Everyone thinks he is amusing, and he generally enjoys success, but not without a touch of disappointment at the end:

...Apolo ya no se siente como antes. La importancia se le quedó en la fiesta. No le parece que haya airecillo de domingo sobre el campo. Y no sé, no lo había notado antes, pero le quedan tan estrechos, tan molestos, los zapatos de charol...(79)

Little of the former security and confidence are left. The festival has ended, and Apolo again perceives himself as an ordinary little black boy with shoes that hurt his feet.

We could continue with Apolo's adventures seeing that for each triumph there is something which takes away a little of the happiness and that the disasters are fairly serious. At the end Apolo must move because of the economic situation in which his family finds itself, and his reaction is exactly what would be expected: "Y salió corriendo. Una lágrima rodaba el azabache de su rostro..." (100) Here Apolo cries, but the three periods indicate that the story of this generally happy and clever child has not ended. Triumph and tragedy have always come together for him, and supposedly they will continue to do so. This lesson is familiar to adult readers and is gradually being learned by younger ones.

In Apolo's story there are also episodes which evoke three great themes and mysteries of the adult world —death, religion, and social justice — but in this child's universe they are no more or less important or mysterious than the other problems he faces every day. Doña Amelita, Adela's mother, is the first dead person who Apolo has ever encountered, and the following paragraph captures perfectly the child's state of mind a week after her death:

Llueve y caen sobre el paisaje verde de siempre hilos de una tristeza infinita, con voz sonora, repiqueteando sobre los tejados. Las grietas de la tierra tienen fiesta y se forman sobre las calles charcos de agua fangosa. Es una tristeza larga, aburrida, lenta, que se ciñe sobre el pueblo y opaca el rojo valiente de la tierra y el verde de los árboles y la alegría de Apolo que siempre anda despierta. Hoy está triste. Lo ha estado desde hace varios días. Y va y viene del pueblo con la cabeza baja, como si su azogue hubiese enmudecido para siempre. "¿Qué tiene?, responden el padre Francisco y el río y la torre de la iglesia y las campanas. Pero Apolo calla y su silencio se siente como una ausencia. (67)

Children will understand, although they might not appreciate it fully, the meaning of the rain here, and although a fairly complex vocabulary is used, the repetition of "¿Qué tiene?" and the polisindeton of those who respond fit perfectly within familiar patterns for the younger reader. The narration continues with Apolo's reactions the day of the funeral, narrated in simple language, as for example: "No; no le gustaba estar aquí. Tenía unos deseos de salir fuera, irse lejos...Pero se quedaba quieto, quieto, quieto." (68) In order to plant this theme more firmly within a children's universe, Hilda Perera ties doña Amelita's death with the dream of Apolo's in which he sees his friend Guisaso dying by locating these episodes contiguously. In spite of Guisaso's very real illness, the death is only a nightmare, and Guisaso recuperates to play with his "boss". Death remains for Apolo a very disagreeable part of his past which does not touch him deeply as of yet. When the sun rises at the end of this episode, Apolo has recuperated his good spirits and can forget the unfortunate incident. He can play unconcerned and forget about death at least until the next time that phenomenon invades his life, as adult readers know it inevitably will.

For Apolo, religion is often a useful tool, as when he earns part of the money for his chocolate soda by serving as altar boy, but on the other hand, it does not explain for him the mystery of the ocean. Apolo vacilates when it comes to serving at mass and does so only because he is to receive monetary recompense. He sweats profusely during the service and doesn't think of the significance of the words but only in how he can survive till the end. When it is finished, he flees with his money and doesn't think any more about religion. His relationship with God, "Papá Dios," is not clear. The name Apolo gives Him and the pleasant image Apolo has of Him, something like a nice old man who lives in the neighborhood, show affection, but there is also a bit of fear. As regards catechism classes, Apolo tells himself: "Quizás si Papá Dios lo va a regañar, porque viene los domingos al catecismo sólo a que le den caramelos". (12) Hoping for the Christmas gift that never came, he has a certain faith in the fact that if he works in the church, he will receive the pair of skates he so desires, but he is disillusioned. When he musters the courage to speak with Father Francisco about the ocean, the priest cannot explain it to him. Apolo does not understand the blue substance under the Virgin Mary's feet or the significance of "immense." In his dream about Guisaso he hears the Kirie eleison, but the traditional litany offers him no consolation: "Apolo sintió una pena ancha, profunda, afilada..." (70) His comfort comes only when, half asleep, he calls his mother and he wakes from the nightmare in her arms to see that Guisaso is still alive.

Throughout the work Apolo matures little by little. His experiences are not of the epic variety, destined to make him a man, but gradually he realizes that he is too big to play with his cousin, that life can be hard and that one must bear the inconveniences it may present. The last episodes speak of Apolo's separation from his juvenile environment, and one can see that in spite of the tears, Apolo is sufficiently mature to confront the situation and adapt as necessary. He survives and will likely thrive despite the fact that according to psychologists, moving, even for adults, is one of the most stressful situations in anyone's life.

Kike is another work written ostensibly for children which deals with the problems of exile and identity in a very moving and serous way. The large community of exiles presented is similar to that described in *Mai*, even to the Jewish concentration camp survivors who are more than happy to help Cuban exiles. In *Kike*, the protagonist grows from an eight year old child to a young adult and completes the circle started with his own exile when he greets the Mariel boatlift as it arrives in 1980. Parenthood, love and cooperation are painted in optimistic terms in this book as in the other two works. The narrative voice in *Kike* may be a little more knowing and a bit more full of irony than a child's should be, but this child is forced to grow up rather rapidly, and it is after all an adult who experiences the end of the story.

The differences evident in these three works in fact add depth and breadth to the author's total vision of the phenomena explored. While in *Mai*, the whole exile community is in on preparation for the child's arrival, in *Kike*, no one — not even the grandfather who is supposed to care for the children — is ready for them. Mai has no voice in her own story except to finally accept the food that is offered to her, whereas Kike narrates his own story as a young adult, but with the innocence and candor of childhood present, although diminishing, from the beginning. The great closure accomplished by the fact that Kike is finally able to greet an exile child from the Mariel boatlift, noting that he was without parents, just as Kike had been, and telling him "—¡Bienvenido, hermano!" ends the book on the note of exile helping exile in a manner similar to that which was noted by Mai's father, but in a different, even more permanent form. Exile in *Kike* is portrayed as an eternal circle.

Kike's search for identity is surely different from Mai and Apolo's. Mai must come to terms with her "otherness" as must Apolo, but Kike, though not black or asian, must struggle to survive in an urban setting and accept once again those people who were his parents. Mai did not know her parents and Apolo remains close to his, but this very important part of his identity is problematic for Kike. He must additionally deal with the concept that his grandfather is absolutely insane, difficult for a young child searching for any bit of stability on which to anchor himself. The state of Florida places Kike in a good, affluent home, and his adoptive parents are portrayed every bit as sympathetically as Mai's. The big difference is that they are not exiles, they are not needy, and they do not have to struggle to provide a home for the boy. They may be his "mom" and "dad", but in Cuba there are two others, his mamá and papá, who provide the real key to Kike's identity. There is also the interesting side trip to a foster home where two poor white people try to take care of the boys as best they can, but don't succeed too well. As in the case of the grandfather, fate has not given them the physical and moral strength or the financial means to deal with the adoption of a needy child. At least María had the will and was able to somehow find the resources to care for Mai, while the rich lady who Apolo wished for a moment would adopt him did not have the slightest volition to do so.

The whole portrayal of the process of maturation is different in each book. Mai grows to childhood but is still quite small, Apolo has been forced to mature fairly quickly due to economic and social barriers but is not quite an adult when he must leave his home, and Kike reaches adulthood by the end of the book, although the whole coming of age issue is skimmed over. The reader comes to know the child Kike quite well, for although the narrator is finally recognized as the adult Jesús Landién, the story is presented in words which convey the candor and innocence of the child. Indications are that Kike finally came to terms with his real parents, but there is a great leap from the adolescent who still wondered if he wouldn't rather be living with "mom" and "dad" to the young adult who can greet a child arriving from Mariel as his brother.

Kike is also another one of those problematic orphans. He has parents and family but find himself totally alone in a strange country. His grandfather is no proper surrogate parent, nor are the redneck couple in the Everglades. The good doctor and his wife are story book parents, but only until the genuine article arrives from Cuba. Just as in one of Freud's family romances, Kike wishes to change the family history to idealize and romanticize his new family. His real parents are nonetheless very much alive and he is forced to accept them as a part of his identity. Orphanhood and exile are technically over, but many problems remain. Kike continues to search for his identity until he finds at least a part of it in his exiled brothers who ariive on the Mariel boat lift at the end of the novel.

The stories of Kike, Mai and Apolo may have the outward appearance of children's literature, but they are all indeed simply literature, dealing beautifully with the themes of identity, orphanhood and exile. The children all at one time or another feel separated from their roots and become stronger human beings striving to regain their identity. Language and literary technique in these works again have an outwardly simple appearance, but when more closely examined demonstrate the skill of the author in creating symbols, characters and surroundings which are as complete and complex as any in existence. Hilda Perera has used this medium to demonstrate to a very wide audience how it is possible to forge a strong and positive identity under the most adverse circumstances, circumstances symbolized by orphanhood and exile and alleviated through adoption.

Salman Rushdie in *Imaginary Homelands*, speaks of his own status as exile and migrant. A Muslin in Hindu India, an Indian in England, he is indeed an "other," but his view is that we all find ourselves in this situation:

> The very work *metaphor,* with its roots in the Greek words for
> *bearing across*, describes a sort of migration, the migration of
> ideas into images. Migrants - borne - across humans — are
> metaphorical beings in their very essence; and migration, seen
> as a metaphor, is everywhere around us. We all cross frontiers;
> in that sense, we are all migrant peoples. (278-9)

Hilda Perera's stories of Cuban children do, then, touch all of their migrant readers, children and adults, and merit study and contemplation in their own right.

List of works cited

Aldaya, Alicia. "Kike de Hilda Perera." *Monographic Review* 1 (1985): 76-82.

_____ *Narrativa de Hilda Perera.* Madrid: Playor, 1978.

Bortolussi, Marisa. *El cuento infantil cubano: Un estudio crítico* Madrid: Editorial Pliegos, 1990.

Detjens, Wilma. *Teresa y los otros: Voces narrativas en la novelística de Hilda Perera.* Miami: Ediciones Universal, 1993.

Perera, Hilda. "Consideraciones sobre la literatura infantil." *Monographic Review* 1, (1985): 15-20.

_____ *Cuentos de Apolo.* 3rd ed. Miami: Viñetas de Andrés, 1975.

_____ *Kike.* 9th. ed. Madrid: Ediciones SM, 1992.

_____ *Mai.* 10th. ed. madrid: Ediciones SM, 1991.

Rushdie, Salman. *Imaginary Homelands.* London: Granta Books, 1991.

Mujer y política en *El sitio de nadie*

Luis A. Jiménez
Florida Southern College

Eve and Mary are the same woman, for she who would be Mary to her son must inevitably be Eve to her husband.

Jane Fishburne Collier

El sitio de nadie (1972), una de las ocho novelas publicadas por Hilda Perera, y sus *Cuentos para grandes y chicos* (1975) han obtenido prestigiosos premios en España.[1] Hasta la fecha, poco se ha estudiado sobre la autora, incluso se puede afirmar que su escritura narrativa ha pasado casi inadvertida por los críticos que se ocupan de la literatura cubana del exilio. Una excepción a este caso omiso es, sin duda alguna, su segunda y más conocida novela, *El sitio de nadie*.[2] En el presente análisis propongo acercarme a esta obra mediante un estudio de la intervención política y casera de la mujer que como "modus operandi" se refleja específicamente en Teresa Mendoza. Teresa, conocida como la "madrina" en el libro, pertenece a una de las tres familias burguesas que dominan el discurso

---

[1] *El sitio de nadie* fue Premio Planeta en 1972 y *Cuentos para grandes y chicos* Premio Lazarillo en 1975.

[2] Gastón Baquero, en el prólogo al libro de Alicia G. R. Aldaya, opina que se debe abandonar la enumeración rutinaria de grandes nombres, y centrar la crítica literaria en los nuevos escritores con obra válida, aquellos nombres que aún no han obtenido el reconocimiento que merecen (19). Véanse también el corto ensayo de Florinda Alzaga, los trabajos de Antonio A. Fernández-Vásquez y el libro de Wilma Detjens.

novelesco.[3] Intento investigar la conexión de esta persona literaria con lo político y lo doméstico. Este doble carácter de ella anticipa una paradoja que analizaremos en detalle al asociarla con los acontecimientos histórico-políticos relacionados con el primer período de la revolución de Fidel Castro, y que sirven de eje temático al hilo narrativo.

El sitio de nadie carece en sí de un protagonista central. Se observa en el relato la presentación colectivizada de más de cincuenta personajes, representantes de todas las capas sociales, desde la alta burguesía hasta el proletariado cubano. Situados dentro de un mundo novelesco conflictivo, los entes de ficción dialogan y revelan fragmentariamente pequeños dramas personales que se entretejen a la narración. Además de la vivencia existencial ya mencionada, el discurso se nutre del escenario político que le sirve de fondo: el castrismo durante sus cuatro primeros años, fecha que sirve aproximadamente de marco histórico a la novela, cuyo ambiente es la ciudad de La Habana. Se puede añadir también que a través de la obra se manifiestan progresivamente los conflictos ideológicos de los personajes. Se van materializando enfrentamientos y enemistades políticos y personales y éstos reflejan una problemática totalizante relacionada con la transforma-ción revolucionaria a que ya se ha aludido.

Como se ha dicho, de los muchos personajes que desfilan por el texto sobresale Teresa, figura que aparece inicialmente en *Mañana es 26*, la primera novela de Hilda Perera. Alicia G. R. Aldaya en su estudio sobre esta obra también hace resaltar la función de Teresa como narradora o personaje en ambos libros. En el primero se sitúa a la mujer estrictamente dentro de un plano doméstico, pero en el segundo ésta toma una actitud política e intelectual, dispuesta a alfabetizar, escribir y comprender el mundo social que la rodea (Aldaya 23). Intenta así poder ubicarse dentro del conjunto de fuerzas históricas que se insertan en la escritura novelística y mediante ella el lector capta los cambios revolucionarios que se van implementando durante la primera etapa castrista.

Al basarse en las dicotomías hombre/mujer, cultura/naturaleza, mente/cuerpo,[4] Michelle Zimbalist Rosaldo explica el efecto de la

---

[3] Para Fernández-Vázquez, Teresa Mendoza es la protagonista de la novela (1980, 123). Considero que su participación en *El sitio de nadie* solamente alcanza la altura de personaje.

[4] Se sigue también el planteamiento de arquetipos y estereotipos que sobre la

diferencia biológica entre ambos géneros y desarrolla una teoría de la asimetría sexual en la expresión cultural. Su modelo estructural presupone la obvia oposición entre una esfera "doméstica" y otra voz "pública," o política. La primera limita a la mujer al escenario hogareño, mientras que en la segunda se visibiliza la presencia femenina a nivel político, económico e intelectual (17-18, 24), y no en la prostitución como la traducción del término (mujer pública) pudiera indicar. La mujer se encuentra absorbida esencialmente en actividades caseras debido a su papel esposa/ madre: Eva/María (Fishburne Collier 92), dos mitos femeninos que mantienen su vigencia en la tradición occidental. Debe añadirse además que la opresión sexista de la dominación patriarcal aún domina en el discurso oficial de la sociedad revolucionaria cubana. Por consiguiente, la vocación política o intelectual de la mujer aparece limitada por las responsabilidades del cuidado de la casa, los niños y el esposo, y el foco central de sus emociones e intereses se dirige hacia el ámbito familiar. Como se observará más adelante, dentro de estas dicotomías oscila paradójicamente la madrina de *El sitio de nadie.*

Hay que establecer primeramente que la ideología revolucionaria de Teresa Mendoza atenta contra la estirpe que la caracteriza. El lector, informado de su naturaleza enigmática, percibe esta situación paradójica cuando el narrador, asumiendo el discurso del personaje, afirma lo siguiente: "Hasta físicamente resulta una *contradicción.* Parece una aldeana de cuerpo, su rostro es pensativo y con frecuencia grave, un *signo* atormentado perpetuamente niega la *imagen* de la mujer madura, *feliz* y *burguesa* que esboza en quien la mira" (63) (Subrayado agregado). Mediante asociaciones lingüísticas como son el signo y la imagen se puede obviar la paradoja que Teresa representa en el texto: es burguesa, pero toma una actitud antiburguesa que tampoco puede ser considerada ni marxista ni proletaria. Juan Ignacio Ferraras, por ejemplo, aclara que el antiburguesismo de toda novela se basa en la paradoja del "individuo" en la sociedad (115). La condenación o la aprobación de esta "contradicción" depende del escritor, no de la problemática materializada en la obra (116). Tal vez por su ascendencia hidalga donde hubo poetas, inventores y locos (63) adquiere Teresa ese carácter de mujer rebelde y su vocación ardiente de escritora que, al parecer, la conducen a la acción política y a la actividad alfabetizadora en la novela.

---

ideología sexual han realizado Eleanor Leacock y June Nash. Las autoras observan la polaridad naturaleza/cultura erróneamente asociada a la dicotomía hombre/mujer.

Aparentemente, las motivaciones políticas que conducen a la madrina al acto revolucionario son de índole moral y personal. Implican un cambio totalizante de aquellas estructuras arcaicas que prevalecieron hasta 1958 durante la dictadura de Fulgencio Batista y que el régimen marxista de Castro prometía erradicar. Teresa siente y padece como típica idealista, y justifica su izquierdismo al asociarlo a "una extraña confluencia ideológica" (63) que proviene tanto de la herencia paterna como de la materna. A través del discurso narrativo el personaje va emitiendo opiniones que ponen de manifiesto el desarrollo interno y externo de un proceso foráneo, todas sus determinaciones y consecuencias. Así, por lo menos, lo comunica el narrador entre interrogantes: " ¿Qué va a hacer si le parece justo que termine el latifundio, correcto que intervengan todas las empresas norteamericanas? ¿Qué intervenían los colegios privados? ¡Qué suerte para sus hijos no tener prejuicios!"(71). Las acusaciones anteriores dejan entrever con gran exactitud una amenaza sociohistórica en Cuba, la que sirve de base política a Teresa y a los otros personajes que ideológicamente se encuentran comprometidos en *El sitio de nadie*. Estas acusaciones se basan en los factores económicos[5] que tienden a la formación de una nueva sociedad cubana en evolución con el advenimiento del marxismo-leninismo implantado forzosamente por el gobierno castrista. La documentación histórica plantea muchos interrogantes que cuestiona Teresa constantemente en el texto (183). Como mujer política y revolucionaria, ataca un sistema de explotación semicolonial. Sin embargo, se puede decir que su discurso es simplemente una crítica antiburguesa puesto que no se atiene a la verdadera plataforma ideológica del castrismo. Como señala Lucien Goldmann, el antiburguesismo de la "novela burguesa" es un instrumento "crítico" y "opositorio," una resistencia personal y paradójica dentro del mismo grupo burgués al que el propio "individuo" pertenece (1964, 52).[6]

Con su participación activa en la revolución la madrina aspira precisamente a un mundo económico, educativo y racial distinto: "sin

[5] Se toma en consideración la hipótesis de Lucien Goldmann que considera la "función de la producción" uno de los tres factores que complementan los componentes de las clases sociales (1952, 111).

[6] Para Georg Lukàcs, el elemento antiburgués en la "novela burguesa" es una actitud reaccionaria y paradójica. El carácter de liberación [el caso de Teresa Mendoza en *El sitio de nadie*] debe superar cierta conciencia de las conexiones objetivas para funcionar efectivamente contra el sistema de la opresión y de la explotación (357).

hambre, sin analfabetos, sin blancos y negros" (91). Por eso, critica explícitamente la opresión de clases. Al asumir esta actitud discursiva, el personaje busca la igualdad y la eliminación de prejuicios como una forma de solucionar la injusticia y la opresión socioeconómicas. Sin embargo, si se siguen las consideraciones estéticas que sobre el discurso feminista ha expuesto Susan Sontag, el planteamiento ideológico de Teresa es "superficial" y poco "reformista", ya que no emancipa a la mujer ni conduce a la pluralidad social (86). Para Sontag, el socialismo que Teresa defiende tampoco traería consigo la liberación sexual o social de la mujer (90).[7]

Para Teresa, la revolución de Castro es una necesidad histórica. Debido a ello, el personaje se ubica dentro de perspectiva de una "mujer nueva" entregada activamente al movimiento revolucionario cubano. Como texto político, *El sitio de nadie* se adentra en el proceso de la alfabetización nacional llevado a cabo durante los primeros años del castrismo con el propósito de erradicar el analfabetismo. Teresa se une a la cruzada educativa reconociendo ciertas restricciones biológicas que la diferencia de otras mujeres: "Yo no seré miliciana ni soy capaz de coger un rifle en mis manos, pero ¡enseñar a leer! ¡Negarme a enseñar a leer!" (100). Al textualizar su propio cuerpo en este enunciado, afirma también la división de la naturaleza de la cultura y las correspondientes categorías genéricas impuestas sobre aquélla (mujer/hombre, mente/cuerpo, etc.). En definitiva, la campaña alfabetizadora sólo le sirve como medio de liberación cultural para emplear su talento lo que la arranca por unos momentos de su limitación a la domesticidad y la familia.

También como escritora, su inquietud es evitar la marginación intelectual porque aspira a seguir aprendiendo y escribiendo. El personaje no desea regresar a su acostumbrado papel tradicional pasivo y aburrido, papel que ha desempeñado ya desde los veinticinco años. Está consciente de ello y lo comunica a través de uno de sus monólogos en el texto (73). Incapaz de llevar a cabo las tareas diarias de la mujer casera se ha pasado

---

[7]Véase el artículo de Cecilia McCall que trata de la alfabetización en Cuba y el de Hilda Perera sobre la mujer en el nuevo contexto social cubano que habla de las oportunidades educativas para la mujer y su incorporación en la fuerza laboral técnica y profesional cubana. Consúltese también Jane Jaquette que enfoca su estudio en la movilización de la mujer y su participación en la coordenada socioeconómica de los movimientos revolucionarios latinoamericanos. Una buena bibliografía sobre el tema de la política y la mujer en la revolución cubana se encuentra en el artículo de Carolee Bengelsdorf.

la vida con remordimientos: "¡porque no me ocupo de todas esas porquerías, del chequecito, el valecito, la llamadita, y se me va la vida!" (73). Teresa ambiciona superar las funciones rutinarias que exige la economía doméstica. Quiere evitar la paralización de su mente creadora ya que esto puede conducirla a la osificación cultural que tanto teme como mujer intelectual. Por esta razón, tiene que asirse a las nuevas ideas, sentires, intenciones en busca de más conocimiento : "detenerlos, apresarlos antes que se me escapen. Si no, me iré secando, muriéndome, pudriéndome" (73).

A pesar del impulso feminista que la revolución le ha proporcionado, la madrina se siente rodeada de angustias. Reconoce su situación paradójica con respecto a la revolución cubana y se autocuestiona mediante interrogantes: "¿A qué mundo pertenezco? ¿Se pide paredón para los invasores o clemencia para los amigos?" (183). Como en el caso de Judas, también Teresa se siente escupida por la legión de madres, hermanos y esposas que critican su fidelidad al régimen marxista y su simpatía por los milicianos castristas. Al mismo tiempo, llega al autoconvencimiento de que ha sido discriminada por éstos últimos que desconfían de ella, y por eso dice el personaje "me abofetean por burguesa" (183). A los ojos de los milicianos, Teresa es un parásito social. La simpatía del régimen castrista es para la "mujer proletaria," puesto que ella se une al hombre en el proceso económico de la producción del país. El conflicto de Teresa, por tanto, reside, en su falta de determinación: no puede optar entre una perspectiva "individual" burguesa y otra perspectiva "colectiva" marxista lo que constituye uno de los ingredientes temáticos centrales de la novela (Fernández-Vázquez 1980, 133).

A consecuencia de las dudas sobre una verdadera plataforma ideológica, surge en la segunda parte de *El sitio de nadie* la metamorfosis que ha sugerido Zimbalist Rosaldo. Es decir, el personaje se desdobla: de mujer políticamente activa Teresa cruza al círculo privado de la domesticidad. Ya se ha visto cómo el personaje ha aludido a sus remordimientos porque no se porta como madre/esposa, ni se ocupa de las labores caseras que imponen la sociedad patriarcal. Confiesa abiertamente su dependencia emocional a su marido, Juan Antonio Campos. Da rienda suelta a sus debilidades femeninas, y le teme a la soledad y a la locura, puesto que perturban su estado síquico. Todos estos síntomas aparecen dramatizados en uno de los diálogos con su esposo: "¡Ayúdame amor mío! No me dejes solita. Llévame a un médico. Pobrecito, no me ocupo de ti, ni de los niños, y creo que soy algo y no escribo, ni tengo talento. ¡Yo creo que me vuelvo loca!" (74). Existe una especie de vacío total en el mundo novelesco en que gravita Teresa. Percibe su labor intelectual como un fracaso ya que cree que su deber es la casa. En estas circunstancias, la sensación de confinamiento la predispone a una condición síquica que manifiesta insistentemente en el discurso novelesco.

De aquí en adelante, el espacio de Teresa será la casa y el de Juan Antonio el mundo exterior, la tramitación incansable de los expedientes y de los requisitos necesarios para abandonar la Isla y marcharse a México. Cabe decir que el aparente compromiso político de la madrina es paradójico. Aunque ha participado activamente en el proceso de la alfabetización, como mujer su centro inevitable es la familia, no la acción ni el compromiso políticos.

La condición síquica de Teresa, internada previamente en un sanatorio, se agrava por la imposición de viejas reglas sociales y familiares que ella misma no puede superar. El estatismo que la abate se resuelve en la novela con un intento de suicidio. En *Women and Madness* Phyllis Chesler expone que el deseo de quitarse la vida y su correspondiente fracaso es mucho más común en las mujeres que en los hombres (48-49). Añade que este acto autodestructivo constituye sencillamente una forma de resignación y de desamparo, y no considera el suicidio una ocurrencia apolítica: la política de casta (sexo y raza) configura los patrones que conducen al suicidio (Chesler 48)[8]. La situación de Teresa es motivada por la pérdida de la ilusión de ser escritora y activista política y, al mismo tiempo, de su necesidad de ser madre/esposa. Al no lograr todos estos objetivos, se observan los signos vitales que caracterizan las tendencias suicidas: se encuentra intelectualmente apartada e incapaz de realizar las labores caseras, se siente culpable por sus acciones, y experimenta la ansiedad y la soledad de que padece, y que continúa experimentando hasta que parte al exilio con su familia cuando comprende que Cuba es el sitio de nadie.

Para contrarrestar estos síntomas depresivos mencionados anteriormente, Teresa acude a la satisfacción de sus necesidades sexuales. Sin embargo, nuevamente se da cuenta de sus logros y fracasos como mujer.

---

[8]Sandra M. Gilbert y Susan Gubar opinan que el suicidio y la locura de la mujer intelectual son enfermedades justificadas: "For a woman, trapped in the distorting mirrors of patriarchy, the journey into death is the only way out...genious and sexuality are diseases in women, diseases akin to madness." (284, 569). Véase también Ann Douglass, *The Femenization of American Culture*, New York: Alfred A. Knopf, 1977, especialmente el capítulo, "The Domestication of Death," pp. 100-26.

Reconoce que Juan Antonio representa un importante punto de conexión en su vidad sexual. Lo busca y se le entrega, creyendo encontrar en su compañía y en el sexo la función biológica que anhela desempeñar. Inmediatamente descubre que está pagando el calor del cuerpo de su marido "al *precio* de un silencio aquiescente" (203). (Subrayado agregado). Al verse rebajada a objeto/mercancía, la madrina comprende la dominación masculina que tiene que sufrir. La acepta dentro de una sociedad en la que rige la voz patriarcal que no permite la relación intrínseca de la mujer con su propio cuerpo, su lenguaje, identidad e incluso el talento que la caracteriza.

Debido a esta presión patriarcal, Teresa reconoce que su subordinación sexual yace en la mentalidad machista de Juan Antonio, quien pretende simplemente gozar el acto físico a su propio capricho (203). La relación que se establece entre ambos saca a relucir el paradigma masculino/femenino (cultura/naturaleza) mediante el cual Teresa aporta la sumisión, la ausencia de queja y la sensiblería, lo que provoca en el esposo el impulso a manipularla. Esto le impide a Teresa una unión satisfactoria con su pareja lo que también hace de ella un ser ansioso, frustrado y taciturno. Todos estos síntomas provocan una intensa experiencia depresiva y conducen a la dependencia sicológica y a la "castración cultural" (Chesler 31) que la predispone al suicidio.

En *El sitio de nadie* la madrina es el objeto poseído sexualmente. Es como una "página en blanco" en la que se inscribe el sujeto masculino, proposición sugerida por Susan Gubar (1982, 73-74). La femineidad se concibe como una superficie vacía—una página en blanco—en la que predomina la metáfora de la ausencia: la falta del apetito sexual y de su significado. La re/presentación incompleta de la experiencia corporal entre la pareja altera y repugna a Teresa porque está relegada a la pasividad durante el acto de la penetración del "otro," silente, vacío, inaccesible. En uno de sus monólogos revela la incompresión sexual de su esposo: "¡Pero es tan breve la *cópula*! A él que no entiende mi *mente* incomprendida, ¿qué cosas que quepa en *palabras* voy a decirle?" (203). (Subrayado agregado). El uso de tres sintagmas como la cópula, la mente y las palabras vinculan la carencia del acto sexual con el raciocinio y la incomunicación verbal entre una mujer y un hombre. Este conflicto entre los sexos se prolonga en la narración hasta que la pareja decide y logra salir de Cuba con los hijos. Como resultado de la partida al exilio, las ansias de independencia política y económica no se materializan en la vida de Teresa.

Creemos que una lectura política de *El sitio de nadie* añade una nueva dimensión al estudio de la participación de la mujer en el texto literario. El determinismo social, que rige y mantiene a Teresa unida a la domesticidad del hogar, no le permite convertirse en mujer política e intelectual ni tampoco puede desarrollar el acto de la escritura. Paradójicamente ha sido revolucionaria, activista y alfabetizadora, pero su verdadera actuación en la novela se limita a tomar una actitud antiburguesa, llena de tintes patrióticos, hecho que se aprecia también a continuación: "Cuba no es algo que se suelta como una especie de piel ni es caracol de molusco" (230).

El discurso paradójico de Teresa se aferra a un patriotismo que la ata a su país natal, pero que abandona cuando comprende su incompatibilidad con el sistema castrista. Las imágenes de la piel y la del caracol implican una doble simbolización de la mujer en búsqueda de protección, además de su nostalgia por la tierra perdida. Sin duda alguna, si se tiene en cuenta la función de la mujer en la obra de Hilda Perera, se puede notar cómo la escritora ha decidido escoger la visión de Cuba, la Madre Tierra, imagen materna que sirve precisamente de vehículo anecdótico en *El sitio de nadie*, lo que se ha demostrado en el presente estudio.

Obras citadas

Aldaya, Alicia. *La narrativa de Hilda Perera*. Madrid: Playor, 1978.

Alzaga, Florinda. *Ensayo sobre "El sitio de nadie"*. Miami: Ediciones Universal, 1975.

Bengelsdorf, Carolee. "On the Problems of Studying Women in Cuba." *Cuban Political Economy: Controversies in Cubanology*. Boulder: Westview P, 1988.

Chesler, Phyllis. *Women and Madness*. Garden City, New York: Doubleday, 1972.

Detjens, Wilma. *Teresa y los otros: Voces narrativas en la novelística de Hilda Perera*. Miami: Ediciones Universal, 1993.

Douglass, Ann. *The Femenization of American Culture*. New York: Alfred A. Knopf, 1977.

Fernández-Vázquez, Antonio A. "Acercamientos a la novelística de Hilda Perera." *Crítica Hispánica* 8 (1986): 27-35.

_____. *La novelística cubana de la revolución*. Miami: Ediciones Universal, 1980.

Ferraras, Juan Ignacio. *Introducción a una sociología de la novela española del siglo XIX*. Madrid: Cuadernos para el Diálogo, 1973.

Fishburne Collier, Jane. *Women in Politics*. "*Women, Culture and Society*." Stanford: Stanford UP, 1974. 89-96.

Gilbert Sandra M. y Susan Gubar. *The Madwoman in the Attic: The Woman Writer and the Nineteenth Century Literary Imagination*. New Haven: Yale UP, 1984.

Goldmann, Lucien. *Ciences humaines et Philosophie*. París: Presses Universitaires de France, 1952.

_____. *Pour un sociologie du roman*. París: Editions Gallimard, 1964.

Gubar, Susan. "'The Blank Page' and the Issue of Female Creativity."*Writing and Sexual Difference*. U of Chicago P, 1982.

Jaquette, Jane. "Women in Revolutionary Movements in Latin America". *Journal of Marriage and the Family* 35 (1973): 344- 54.

Leacock, Eleanor y June Nash. *Myths of Male Dominance*. New York: Monthly Review P, 1981.

Lukàcs, Georg. *Problemas del realismo*. México: Fondo de Cultura Económica, 1966.

McCall, Cecilia. "Women in Revolutionary Movements in Latin America." *Journal of Reading* 30 (1987): 318-342.

Perera Hilda. *El sitio de nadie*. Barcelona: Editorial Planeta, 1972.

____. "Women in a New Social Context in Cuba." *International Journal of Adult and Youth Education* 14 (1962): 144-49.

Sontag, Susan. "La liberación de la mujer." *Libre* [París], 4 (1972): 83-101.

Zimbalist Rosaldo, Michelle. "Women, Culture and Society: A Theoretical Overview." *Women, Culture and Society*. Stanford: Stanford UP, 1974. 17-42.

EXILIO Y DISCURSO MATERNO EN
Felices Pascuas

Orlando Ocampo
LeMoyne College

La tercera novela *Felices Pascuas*[1] de Hilda Perera, publicada en 1977, incluye en su composición estética, lo que otros críticos han señalado como características distintivas de su novelística: el interés por la familia y las relaciones entre los dos sexos[2] y la existencia de "dos planos contextuales narrativos que se complementan: el que atiende a una perspectiva individual y personal y el que se refiere a una colectiva e histórica"[3] Sin embargo, dentro de este patrón artístico general, debe señalarse que esta novela inaugura una nueva perspectiva histórica apoyada en un tema y un espacio literario distintos: el del exilio cubano en la ciudad de Miami. Además establece, como lo destaca Alicia Aldaya,[4]una marcada diferencia con la producción anterior de la autora ya que abandona una visión panorámica de la sociedad cubana durante los primeros tiempos de

---

[1] Hilda Perera, *Felices Pascuas* (Barcelona: Editorial Planeta, 1977) Toda cita de la novela se incluirá dentro del texto del trabajo, señalando la página entre paréntesis.

[2]Wilma Detjens, *Teresa y los otros: Voces narrativas en la novelística de Hilda Perera* (Miami: Ed. Universal, 1993) 66.

[3] Antonio A. Fernández-Vázquez, "Acercamiento a la novelística de Hilda Perera" *Crítica Hispánica* vol. 8, No. 1 (Spring 1986) 27-35.

[4] Alicia Aldaya, *La narrativa de Hilda Perera* (Madrid: Playor, 1978)

la revolución para concentrarse en la exploración de la intimidad de la protagonista, sus sentimientos y pensamientos frente a la crisis que amenaza a su familia durante los últimos diez días de un año durante la década de los setenta.

Este trabajo intenta evitar la repetición del análisis de la novela ya efectuado por los críticos anteriormente citados, y tomar lo señalado por Aldaya como punto de partida para analizar en el texto la construcción de un discurso femenino que expresa el conflicto interno de la madre, causado indirectamente por la situación del exilio.

El exilio en América Latina en general, y en Cuba en particular, es provocado mayormente, aunque no exclusivamente, por motivos políticos, lo que ha influenciado la formación de una tradición de la literatura como arma política de denuncia de la opresión y la injusticia. No obstante, la novela de Hilda Perera evita la denuncia política de un régimen en forma directa. En efecto, los indicios textuales describen un tipo de emigración o exilio voluntario de la familia; no hay referencia alguna a persecuciones o proscripciones de tipo ideológico que la protagonista anónima de la historia o su marido puedan haber sufrido, como tampoco comentarios sobre la situación de los presos políticos—tema de otra novela de la autora[5]—o sobre el gobierno de la isla y su líder. En realidad, las únicas referencias explícitas al momento histórico aparecen en el texto vinculadas a personajes secundarios. En un caso, se trata del padre de Sylvia, Pedro Lorié, antiguo conocido de la protagonista, convertido en miliciano revolucionario que permanece en Cuba (27-28); en el otro, de los viejos amigos y conocidos del tío Ricardo que se reúnen regularmente en un club social—pálida imitación del original cubano—para analizar la situación nacional e internacional, vaticinar la caída inminente del gobierno y planear su retorno a la isla (73-74). En el primer caso, la crítica a la revolución cubana se hace evidente en la condena a la ruptura de vínculos familiares provocados, directa o indirectamente por ella: el padre de Pedro se muere, enojado porque su hijo apoya el nuevo régimen, mientras que su esposa e hija Sylvia se escapan a Miami, y en la compasión que la protagonista siente por la situación ambigua y triste del que se quedó, que aunque aparentemente ya desilusionado por la revolución, se obstina en apoyarla. En el segundo, el tono afectuoso e irónico a la vez de la narradora cuando describe la futilidad de los esfuerzos y de las ilusiones de los exiliados está

---

[5] Hilda Perera, *Plantado* (Barcelona: Planeta, 1981)

despojado de connotaciones políticas y sirve más bien para la evocación de un estilo de vida perdido ya para siempre. En vez de denunciar las causas del exilio, la novela prefiere analizar y exponer sus efectos en los individuos—y la familia—que lo sufren. Para ello, Hilda Perera abandona la perspectiva masculina tradicional del subgénero y crea, en su lugar, una voz femenina que cuenta la historia desde el punto de vista de la protagonista, lo que le permite mostrar de qué manera particular el exilio afecta su identidad.

Para aquellos que lo sufren, el exilio implica un cambio radical: la necesidad de abandonar un espacio conocido, un centro organizado y pleno de sentido, por una periferia donde las condiciones de la experiencia son diferentes y problemáticas. Este proceso supone una dislocación traumática de las relaciones entre el ser y la sociedad, que amenaza la identidad del individuo definida no ya sólo en términos personales, sino también por consenso colectivo, y verificada en los roles y repeticiones de la vida social: "In a broader view, this break is not simply with space or location but with the cultural and social continuities of place and with a collective history."[6] La reacción contra ese sentimiento de separación y pérdida que implica el exilio se expresa en un intento por recrear en el país de asilo, el sistema de valores y las tradiciones que conformaban la identidad nacional y cultural del individuo en el lugar de origen, y en una lucha por conservar patrones de conducta que se erosionan indefectible e irremediablemente al contacto con la nueva cultura. Sin embargo, esta actividad de resistencia frente a la asimilación cultural no es uniforme ni constante, y las respuestas subjetivas de los exiliados frente a la cultura dominante varían dependiendo de su vivencias particulares. Así, mientras que la protagonista en *Felices Pascuas* se esfuerza en recordar paisajes y escenas domésticas de su Cuba natal y en recrear para ella y para su familia un ambiente conocido mediante la repetición de ritos simbólicos como el de las celebraciones navideñas a las que alude el título de la novela, su mismo marido parece no compartir tal interés en mantener la tradición.[7]

---

[6] Robert Edwards, "Exile, Self, and Society", en *Exile in Literature*, Ed. María Inés Lagos-Pope (Lewisburg: Bucknell University Press, 1988) 15-31.

[7] En ocasión de la celebración de Nochebuena en casa de su hija casada, él expresa su satisfacción por el menú ofrecido por su hija y revela a su yerno norteamericano su hastío con la comida cubana que la protagonista insiste en preparar. (99-100)

El microcosmos familiar ejemplifica, en la interacción de sus miembros, la difícil y ambigua dualidad de adaptación y rechazo en que consiste la relación del exiliado con la nueva cultura. El conflicto se intensifica dentro del ámbito familiar donde padres e hijos se ven, a menudo, enfrentados en el proceso de definir su identidad. Mientras para el adulto en general, resulta relativamente fácil recordar el país natal y sus costumbres, para los jóvenes, cuya visión del mismo tiene que ver más con la recreación idealizada—el paraíso perdido—que le pintan los mayores que con sus propios recuerdos y experiencias, los lazos son obviamente más débiles y ellos tienden a aceptar, e incluso a preferir, la cultura del país de adopción.

En el caso cubano, este fenómeno general ha dado lugar al surgimiento de una nueva identidad cultural con la que se identifican incluso aquellos jóvenes nacidos en Cuba y que ya no se definen como cubanos, sino como cubano-americanos.[8]

En *Felices Pascuas*, la diferencia generacional y el cambio de actitudes hacia ambas culturas—la de origen y la del asilo—aparece expresada por un personaje secundario, Solange, una vieja amiga de la protagonista:

Y esta generación tiene muchos líos. Entre que no son americanos, ni pueden sentirse cubanos; que no hablan ni inglés ni español—porque tú y yo podemos decir un "llámame para atrás o un "registrarse", pero lo hacemos casi que por demagogia; cuando llega el momento, uno puede expresarse, pero ellos no—. Además, nosotros venimos con nuestro equipaje, con nuestro maletín lleno de los valores nuestros, el que más y el que menos tenía su título; tuvimos que adaptarnos, pero eran cosas menores: el income tax, el lunch, pero estos muchachos se enfrentan con un mundo distinto y no tienen nada en el maletín, chica. ¿Te das cuenta? (140-41)[9]

---

[8] Este fenomeno que la autora obviamente deplora y lamenta en la novela, ha sido objeto de especial atención y estudio en los últimos años, desde una perspectiva opuesta que celebra la aparición de una cultura cubano-americana y su potencial creativo. Vease el estudio de Gustavo López Firmat *Life on the Hyphen : The Cuban-American Way* (Austin: University of Texas Press, 1994) para un interesante aporte a la discusión.

[9] Hay que notar que, a pesar de su análisis, Solange, inconscientemente o no, se

Más importante que la contaminación del idioma español por el inglés, esa carencia de valores que lamenta Solange permite que estos jóvenes, inmaduros emocionalmente e inseguros en cuanto a su identidad nacional y cultural, sean fácilmente influidos por lo que ella y su amiga consideran los aspectos más negativos de la sociedad norteamericana: el consumerismo, la soledad, y la falta de comunicación interpersonal que, según ella, los empujan inevitablemente al escapismo de la droga y de la promiscuidad sexual. Las observaciones del personaje confirman lo que la protagonista ya sabía, o sospechaba, de las causas del conflicto que enfrenta su hijo Jorge. Este ha tenido relaciones sexuales con su novia Sylvia y desea casarse con ella, pero ella revela, al comienzo de la novela, que está embarazada con el hijo de Octavio Fiol, un drogadicto convicto que todavía la acosa y domina sexualmente.

Las historias personales de Sylvia y de Octavio Fiol revelan la ausencia, parcial o total, de una presencia materna que hubiera podido guiar, aconsejar y proteger a los jóvenes de los peligros que los acechaban. Sylvia, que había perdido a su padre al exiliarse en los Estados Unidos, también se queda sin su madre en un momento crucial de su formación, por razones de salud, y tiene que vivir por un tiempo en 'foster homes'. Algo similar ocurre con Octavio Fiol cuya caída en el vicio puede ser el producto de una inclinación natural al crimen, pero aparece empeorada por la ausencia de una figura materna en su vida desde temprana edad. Este no es ciertamente el caso de Jorge, cuya madre se ha desvivido por cuidarlo y criarlo dentro de parámetros tradicionales; sin embargo, también él revela su grado de aculturación al no preocuparse de la virginidad de su novia. En cualquier caso, las desgracias de los jóvenes, sobre todo la de Sylvia, revelan la importancia del papel de la madre dentro de la estructura familiar en general y de la del exilio en particular.

En la sociedad patriarcal, la división del trabajo en la familia asigna a la madre el rol de criar a los hijos y de educarlos dentro de la tradición dominante; puede comprenderse entonces la importancia de su figura y de su función dentro de una familia de exiliados cuya sobrevivencia cultural depende precisamente de la conservación de su identidad en un medio hostil. En *Felices Pascuas*, la protagonista tiene entonces un doble trabajo:

---

expresa en una nueva lengua híbrida, caracterizada por el fenomeno lingüístico de "code-switching" entre el inglés y el español. Además, ella también adopta algunos de los nuevos valores culturales como el divorcio y el movimiento de liberación femenina, cuyas ventajas trata de explicar a su amiga. (142)

el de cuidar y proteger a su hijos y el de mantener intacto el sistema de valores de la vieja cultura cubana y transmitírselo dentro de parámetros tradicionales. El problema es que éstos sólo interpretan en sus acciones un intento de sobreprotección e interferencia que limita su libertad individual y, en consecuencia, las rechazan, en mayor o en menor medida. De esa manera, la hija se casa con un norteamericano y abraza sus tradiciones, y muy posiblemente su idioma, y el hijo, aunque enamorado de una cubana-americana abandona, como la misma Sylvia, la moralidad sexual que le habían inculcado sus mayores.

Definida como el "close-up sicológico de una mujer" en un momento crucial de su existencia, la novela presenta a la protagonista, que permanece anónima a lo largo de la historia, en el momento en que le revela al lector su estado emocional y sicológico, expresando que últimamente se siente perdida, como si hubiera perdido las reglas de juego que es la vida. (6) Mientras su marido le sugiere que la causa de su malestar puede ser la menopausia—una inevitabilidad de tipo fisiológico—su cuñada, que podemos suponer ha pasado también por la misma situación, le explica que tales sentimientos de inseguridad y de inutilidad son el producto de haber perdido su función social y cultural, su "trabajo":

—Sí, chica: el retiro, la jubilación; que como madre te has quedado cesante. No le des vueltas; es eso; se te casó la hija, el hijo ya no te necesita y nadie viene a darte el pésame. ¡Las cosas de la vida! Se te muere un pariente y todo el mundo te viene a ver, te acompaña, te consuela. Pero de la noche a la mañana te quedas huérfana de hijos, o como se diga, ¡si ni siquiera hay palabras!, ¿te fijas?, y nadie te dice ni "por ahí te pudras" (7).

La protagonista se enfrenta entonces a la soledad y a la prescindibili-dad que implica la pérdida del papel de madre, el único, a su entender, capaz de llenar ese vacío de su vida que ella no puede explicar, y el que más la define dentro de la sociedad. Tal afirmación no resulta exagerada cuando el texto revela que esta mujer que no ejerce ninguna profesión remunerada fuera de su hogar, y que incluso ha abandonado, por razones que permanecen inexplicadas en la novela, su antiguo interés y su práctica de la literatura para dedicarse exclusivamente a su familia, reivindica como única justificación suficiente de su existencia su ejercicio de la maternidad: "...porque no habré hecho otra cosa, ni escribir, quizá ni buena mujer, pero buena madre, sí; buena madre, sí, buena madre, sí ..." (194).

La decisión de dejar a alguien cesante de su trabajo no significa necesariamente que esa persona haya renunciado al mismo, ni que se resigne a jubilarse. La protagonista reconoce que la maternidad "aún le rebosa" en los pechos y que se pasa la vida averiguando qué les sucede a sus hijos para ayudarlos, aunque éstos no quieran (7). La relación especial que todavía cree tener con su hijo Jorge se ve amenazada con la llegada de Sylvia a la que, de inmediato, convierte mentalmente en rival, en parte porque la supone su reemplazo en los afectos del muchacho pero también porque intuye que hay algo en esa relación que puede dañarlo y destruirlo. Cuando estalla la crisis y Sylvia le confiesa su embarazo de Octavio Fiol, su primera reacción es de enojarse con la muchacha y proteger a su hijo, pero luego cuando ésta le expresa su deseo de abortar y sobre todo su miedo del ex-amante que la persigue, extiende su papel de madre a la muchacha, incluyéndola bajo su protección y demostrando que la materni- dad no es tanto una relación biológica entre dos seres—aunque en un momento, ella así lo exprese—sino que también puede entenderse en un sentido amplio como un deseo de solidaridad de cuidar a todos los hijos desamparados o desvalidos.

El deseo y la necesidad de conservar su trabajo y su identidad de madre incluye también su secreta ilusión de volver a quedar embarazada, aunque, a su edad, esa situación le valga la acusación de haber perdido la razón:

> Para ser cuerda, tendría que fingir que me aterra la idea, cuando lo que de veras me aterra es que ya nunca vuelva a haber peligro, ni posibilidad; cuando pasen meses y meses sin turbiones de susceptibilidades, ni nostalgias ni enfurecimientos, ni dolor de riñones, y me convierta en mujer sensata, apta para la paz y la sabiduría: estéril. Volver a ser sin sangre. La sangre realista, la sangre de imaginería, la que nos amarra a la vida, la que renueve la lujuria, la sangre viva y brava de madre posible. (120)

Como se ha sugerido[10], es posible que ambas reacciones de la protagonista sean provocadas por la fuerte identificación que siente con la muchacha, a partir de una posible situación similar por la que atravesara en el pasado. No obstante, tanto la "adopción" de Sylvia como su deseo de concebir un hijo propio podrían responder a una carencia más fundamental

---

[10] Para un excelente análisis de este punto, véase el estudio de Aldaya.

que obsesiona a la protagonista y constituye el conflicto más importante en la novela: el que enfrenta a esta mujer nada menos que con la pérdida de su identidad y su anulación como persona.

La crítica ha visto en la figura de la protagonista, por un lado, una "imagen de leona que ve en peligro su cachorro" (Aldaya, 124), capaz de matar por él, y por otro, la de una madre que, conscientemente o no, actúa "con una dedicación a veces sofocante en su afán maternal" (Fernández-Vázquez, 32). Si bien la evidencia textual apoya la primera propuesta, en cambio no hay prueba de esta mujer "sofoque" a su hijo o a su marido. El lector puede ver que las ocasiones en que la protagonista siquiera habla—o trata de hablar—con ellos, llenan apenas una docena de las casi doscientas páginas que ocupa la novela, y de éstas, sólo se puede aceptar que realmente discuta con ellos y trate de imponerles su opinión, en una o dos. Lo que sí revela claramente el texto, a través del uso del monólogo interior y de los diálogos imaginados, es lo que esta mujer piensa, siente y quiere decir—pero no dice—sobre la situación. Más aún, la implicación de que la madre posee un poder hegemónico sobre la familia al que no se resigna a renunciar y que este hecho provoca un conflicto entre ella y su hijo que busca liberarse de ella y madurar, tampoco se sostiene textualmente. En efecto, aunque es verdad que la protagonista se refiere concretamente en una ocasión a su "matriarcado" (80), la novela revela que tal afirmación es completamente falsa e ilusoria, ya que sus opiniones, se refieran a la celebración de Nochebuena o a la clase de mujer que le conviene a su hijo, no cuentan en absoluto dentro de la familia y tanto su hijo como su marido hacen todo lo posible para excluirla de cualquier decisión importante en su vida pública—trabajo, negocios—o privada—la relación con Sylvia—y relegarla a una posición decorativa, en dejarla cesante.[11] La historia de la disgregación de una familia por efecto del exilio, se transforma así en la historia de una mujer exiliada dentro de su propia familia—un exilio

---

[11] Es interesante que cuando su hijo le pide que no se entromezca en su vida, repita la misma frase en inglés que usó su cuñada para describir su cesantía: "*Lay off* de una vez, vieja" (86)

interior[12] — y condenada figurativamente al silencio, no tanto porque se le prohíba hablar sino porque nadie quiere escucharla. La tradición literaria de negar la voz materna es común a toda la literatura occidental. Depende de una concepción de la madre que existe sólo en función de las necesidades de sus hijos y no como una persona real; de un objeto carente de vida propia y mero depositario de fobias y fantasías, y no de un sujeto autónomo. Presentada desde el punto de vista, de su esposo o de sus hijos, se habla de ella, o en el mejor de los casos, por ella, negándole el acceso a su propia expresión, y construyéndola alternativamente, según los estereotipos de la madre abnegada y sufriente o la castradora.

La decisión de permitirle a la protagonista de *Felices Pascuas* que cuente su propia historia y al hacerlo, re-escriba la relación madre-hijo, desde su perspectiva y con su voz, es uno de los mejores logros de la novela. Hilda Perera crea un personaje vivo y multidimensional, una madre, con intereses y aspiraciones propias, que se resiste a aceptar el rol pasivo que su marido y su hijo intentan imponerle y se resiente de las críticas que recibe precisamente cuando está tratando de cumplir su rol de madre como mejor lo entiende: velando por su hijo. La protagonista asume la tarea de expresarse a través de un discurso femenino complejo y contradictorio que, por un lado, parece someterse a las expectativas que la sociedad patriarcal espera de ella, mientras por otro, expone los estereotipos masculinos de la figura materna y los subvierte narrativamente.

La imagen de la madre que el lector recibe por los comentarios del padre y de Jorge es la de una mujer histérica, que vive imaginándose cosas e inventando líos (55) a la que le "gusta" complicarse la vida (34), manipuladora, egoísta, que no deja vivir a los demás (192-95), que vigila a sus hijos "como un guardia civil" (85) que no permite la contradigan, y que tiene "la manía de estudiar a la gente" (18); en resumen, la de una mujer perturbada emocionalmente por la edad, su fisiología femenina, o su frustración como escritora, pero no la de una mujer viva con sentimientos ni sentidos. La protagonista contribuye, en parte, a esa imagen negativa de

---

[12] La aplicación del concepto definido por Paul Ilie en cuanto a un tipo de exclusión caracterizado estructuralmente "por las barreras intelectuales y *afectivas* que se levantan contra los miembros de un conjunto cultural, sin tener en cuenta su localización física. . ." (el énfasis es mío) resulta adecuada en este caso. Véase Paul Ilie, *Literatura y exilio interior: escritores y sociedad en la España franquista* (Madrid: Fundamentos, 1981) 31.

sí misma cuando se autoanaliza y disecciona sin piedad, bajo una óptica desfavorable, contraponiendo lo que ella también considera sus "defectos" frente a las "cualidades" de los demás. Así, destaca encomiásticamente que su marido, al revés de ella, es "patológicamente cuerdo" (25), "sensato, sancho"(117), que "vive en el presente y tiene el subconsciente manso" (26), y que "cuando vela, produce, y cuando duerme, duerme," (26) o, al desear la mujer ideal para su hijo, ennumera las virtudes tradicionales que ésta debe tener, e insiste en que sea diferente a ella para ser feliz y evitar los problemas que quizá hayan ocurrido en su matrimonio: "La quiero llanamente doméstica y no pensativa y litigante, ni analista, ni llena de inquietudes como tu madre. Que no le estorbe ser mujer, ni le interese ser libre." (31). En ambos casos, parece que está definiéndose por el reflejo que el espejo de los demás le devuelve de su persona y que su visión responde a una internalización de esas expectativas, más que a su propia interpretación.

Las reacciones emocionales de la protagonista oscilan entre el ruego, a su madre, y a Dios (94) para que la ayuden a resignarse, para que "me cure de incomformidad" (79) y a aceptar su situación, y la expresión de un enojo apenas contenido ante las exigencias y el desgaste que los roles familiares le imponen, sobre todo la de callar su opinión y mantenerse en silencio, para la tranquilidad de los demás:

Yo quisiera quitar de mí este cansancio enorme que me lastra, este querer callar ya siempre porque todavía no entiendo, o porque me repito y me repito como pianola antigua. Yo quisiera ser yo conmigo misma. Quitarme este acceder, esta resignación, este venderme y venderme a precio de paz por la familia, a precio de que nadie se inquiete, a precio de quitarme de sitio, para que todas la piececillas de la vida de los otros cuadre inestorbadamente (93).

Estas expresiones de exasperación y encono motivadas por la postergación de sus intereses personales surgen con más fuerza cuando la protagonista se refiere a la dificultad de realizar su vocación literaria. Definida por su hijo Jorge como la "escritora frustrada de la familia", éste menciona que ella "escribía" pero no se dice cuándo dejó de escribir, ni tampoco se aclara si esa frustración depende de una falta de talento, o de tiempo y energía. No obstante, la vigencia de su capacidad de expresión poética evidente todavía en el lirismo de las descripciones de su niñez en Cuba que brinda al lector, sugieren que la dedicación a la familia tuvo mucho que ver con el cese de la actividad creadora de esta mujer. Limitada a la lectura de libros clásicos y de biografías de artistas famosos, la protagonista se lamenta de no haber definido su identidad fuera del matrimonio y de la maternidad: "no soy nadie, ni he llegado a ser nadie" (41), "no voy a escribir nunca" (42). Una de sus preocupaciones esenciales, además de envejecer y perder a sus hijos, es caer en la repetición de temas cotidianos y el "no haber en todo el día, sumadas, dicho diez palabras que me expresen" (55). La angustia reprimida que la protagonista siente sobre su situación, encuentra una expresión brusca durante su lectura de una biografía de Miguel Angel Buonarotti, con cuyas dificultades se identifica: "Eso: coraje. Decisión. Ser. No amilanarse. Crear. Crear. ¡Toda la familia chupándole la sangre, pero él resistiendo y creando a pesar de todo!" (54), aunque esos problemas tengan que ver con elementos técnicos y la familia del escultor no se haya mencionado.

El uso del enojo como instrumento expresivo ha sido reivindicado por una nueva corriente del movimiento feminista[13] que insiste en una presentacion literaria y cultural más completa y más real de la figura materna, y que propone que para una madre enojarse es reclamar un espacio propio, un derecho a expresarse públicamente, muchas veces negado por la cultura patriarcal.[14] El hecho de que esta reacción de descontento y de enojo de la protagonista frente a la injusticia de su posición y a la ingratitud de su sacrificio se manifieste al nivel del discurso y no en el de la acción—ella no dice nada y sigue callando frente a los demás—no invalida su importancia como expresión de la subjetividad materna, ya que la novela entera puede leerse como un largo monólogo interior de la protagonista. Dirigido al lector y no a los otros personajes, su discurso socava el esterotipo literario de la madre amorosa que aguanta todo con estoicismo, y es incapaz de enojarse por su situación.

Hirsch plantea además que la consideración de la madre como sujeto autónomo involucra el estudio de la experiencia total de la persona, uno de

---

[13] En esta corriente que denuncia la incomodidad del feminismo anglo-sajón con la figura de la madre, y su resistencia a analizarla como sujeto, se encuentran Marianne Hirsch, *The Mother/Daughter Plot: Narrative, Psychoanalysis, Feminism* (Bloomington: Indiana University Press, 1989), y Brenda O. Daly y Maureen T. Reddy, *Narrating Mothers: Theorizing Maternal Subjectivities* (Knoxville: University of Tennessee Press, 1991)

[14] Para un análisis de esta posición, véase el libro de Hirsch, especialmente el Capítulo 5, 163-169.

cuyos componentes más importantes lo constituye su sexualidad[15]. La representación de la madre en la novela realista o romántica ignora deliberadamente este componente de la subjetividad femenina y construye un estereotipo literario completamente asexuado, cuya fisiología aparece puesta al servicio exclusivo de la procreación y la lactancia de los hijos maternos.

En esta novela, la protagonista se ve "vieja, y fea, y menopáusica" (36) y reniega de las leyes físicas que atentan contra su juventud y lozanía (54), porque este aspecto de su edad afecta su imagen como mujer atractiva y deseable, y, sobre todo, la relación pasional con su esposo, quien por razones—o excusas—de trabajo, edad, cansancio (35) parece haber roto unilateralmente el "pacto" amoroso inicial establecido entre ambos y el cuál ella todavía respeta: "El pacto, óyelo, ¡el pacto que hice contigo, era que eternamente iba a excitarte y a sojuzgarte y a dominar sobre tí, y que bastaría una pierna, un brazo, un seno mío, para hacerte mío y domeñarte!" (36). Es posible afirmar que en *Felices Pascuas*, el enojo de la protagonista se manifiesta inclusive con más fuerza cuando reacciona ante lo que considera su posible "jubilación" como esposa. Mientras su reacción exterior hacia su esposo consiste en un sarcasmo inteligente y apropiado que choca su sensibilidad de macho: "El sábado entre doce y una. ¿Te reservo turno?" (35) interiormente irrumpe en una explosión de sus verdaderos sentimientos: "¡Que no me rindo, ni me echas a vieja tú, así, tan fácilmente, vaya! Pues ¿quieres que te diga? No te ando mendigando limosna! . . . ¡Muérete de ganas! ¡Siente la hambruna como yo la siento, como una loba!" (36). En su indignación, ella confiesa que su pequeña venganza para compensar el abandono de su esposo, consiste en serle infiel, al menos con el pensamiento:

> ... y mientras tú duermes y roncas y disfrutas el sueño, te soy infiel, y me convierto en adúltera y tengo mil aventuras secretas y deliciosas y otros hombres me miran y me estremezco, y otra vez soy joven y veo los ojos, el pelo, la risa del amante que nunca tuve o que he tenido siempre! (36).

Estas fantasías revelan la importancia del amor erótico para la protagonista que mantiene una vida interior secreta, que ni su marido ni su hijo son capaces de sospechar. Más aún, aunque algunos estados de

---

15 Hirsch, 163-64

ensueño e insomnio, y los fantasmas que le provocan, parecen motivados por la situación de Sylvia, sin embargo, el texto demuestra que no son una novedad para la protagonista. Lo que sucede es que a partir de la revelación de Sylvia, estas fantasías adquieren un tono más amenazador, pero a su vez tentador y peligroso, puesto que la narradora no sólo llega a imaginarse una relación erótica entre su hijo y la muchacha (81), sino que por momentos, parece transformarlos en recuerdos y memorias de una relación que efectivamente existió, mientras que en otras instancias subraya su calidad de mera especulación "lo que pudo haber sido", calificándolo de oportunidad deseada, pero desperdiciada en su juventud: "ese vino que debí beberme" (116). Un episodio altamente significativo por la ambigüedad que aporta a esta situación, tiene lugar durante la conversación entre Jorge y su padre cuando éste le aconseja cómo enfrentar el embarazo de Sylvia y su relación con Octavio Fiol:

—Si vas a poder aceptarla, hijo, bien. Sin que te dé celos, sin que se lo eches en cara, sin que un día le pierdas el respeto, sin hacerte el santo. Si puedes echarle tierra a todo, y no volver a mencionarlo siquiera, bien. Será tu mujer, y asunto concluido. Si no termina de una vez. Cuanto antes mejor.
—¿Tú qué hubieras hecho?
—Yo, hijo, ¿*qué hice?*
Un turbión de recuerdos lo sobrecoge. Se inclina hacia delante, porque le duele el pecho. Baja la voz a un tono más grave: el de su voz cuando se emociona y no quiere emocionarse. Por fin, alza las manos en un humilde ademán de impotencia:
—¡Yo no hubiera podido vivir sin tu madre! (117-18)
(el énfasis es mío)

El pasaje puede servir para ilustrar la sensibilidad del esposo y mostrar sus verdaderos sentimientos hacia la protagonista, pero el uso del pretérito también deja abierta la posibilidad de que algo realmente ocurriera en su vida, llenando de misterio la vida de la mujer.

La decisión autorial de Hilda Perera de construir el personaje de la madre, como una mujer activa y agresiva sexualmente, y de expresar textualmente sus deseos y fantasías, es un toque original dentro de nuestra literatura donde la expresión amorosa de la madre queda generalmente reducida a la ternura hacia los hijos y al compañerismo hacia el esposo, despojando al personaje de toda carnalidad y convirtiéndolo en un ser inofensivo e impotente. Esta impotencia debe entenderse en un sentido amplio como la posición marginal en que la sociedad recluye a la mujer en general y a la madre en particular, al negarle la posibilidad de expresar de su intimidad: de decir qué piensa y siente ella de lo que significa e implica ser madre. Se trata de una exclusión interna de la madre del sistema patriarcal[16] que se suma al exilio de tipo físico que sufre la protagonista y a la que no están sometidos su esposo y su hijo.

Dado el final ambiguo de la novela, que no resuelve el conflicto central de la protagonista: cómo ser madre, esposa y tener una vida propia al mismo tiempo, es difícil definirla como una obra feminista. La crítica explícita de la protagonista a los principios de la revolución sexual —relaciones prematrimoniales, aborto y divorcio— a la que suscriben su hijo y su novia y su amiga Solange, es parte de su intento de conservar la tradición y la institución familiar sobre los viejos valores y, obviamente, puede leerse como un rechazo de una noción de la libertad de elección para la mujer y del movimiento feminista que la postula. Sin embargo, es innegable que su decisión de crear un espacio discursivo para la voz femenina en esta novela, indica al menos una intención, consciente o no, de cuestionar el canon literario tradicional en su construcción y representación de la mujer y, sobre todo, de la figura de la madre. Más aún, la decisión de describir la figura y los deseos de la madre desde su propia perspectiva, no sólo rescata la figura literaria de la madre del silencio y la marginalidad a los que es normalmente relegada, sino que reevalúa y reivindica su papel dentro de una nueva postura feminista más abierta e incluyente que considera que el ejercicio de la maternidad no debe significar necesariamente el enmudecimiento de la mujer.

---

[16] Para una consideración del exilio interior sobre la base de diferencias sexuales, en vez de políticas, ver Shari Benstock, "Expatriate Modernism: Writing on the Cultural Rim," en *Women's Writing in Exile*, Mary Lynn Broe & Angela Ingram, eds. (Chapel Hill: The University of North Carolina Press, 1989) 19-41.

Obras Citadas

Aldaya, Alicia G. R. *La narrativa de Hilda Perera*. Madrid: Playor, 1978.

Benstock, Shari. "Expatriate Modernism: Writing on the cultural Rim," en *Women's Writing in Exile*. Mary Lynn Broe & Angela Ingram, eds. (Chapel Hill: The University of North Carolina Press, 1989) 19-41.

Detjens, Wilma. *Teresa y los otros*. Miami: Ediciones Universal, 1993.

Daly, Brenda O. y Maureen T. Reddy. *Narrating Mothers: Theorizing Maternal Subjectivities*. Knoxville, TN: University of Tennessee Press, 1991.

Edwards,Robert. "Exile,Self and Society." en *Exile in Literature*. Ed. María Inés Lagos-Pope (Cranbury, NJ: Associated University Presses, 1988) 15-31.

Fernández-Vázquez, Antonio. "Acercamiento a la novelística de Hilda Perera" *Crítica Hispánica* Vol. 8, Numero 1 (Spring 1986) 27-35.

Hirsch, Marianne. *The Mother/Daughter Plot: Narrative, Psychoanalisis, Feminism*. Bloomington, IN: Indiana university Press, 1989.

Ilie, Paul. *Literatura y exilio interior: escritores y sociedad en la España franquista*. Madrid: Fundamentos, 1981.

Perera, Hilda. *Felices Pascuas*. Barcelona: Planeta, 1977.

―――. *Plantado*. Barcelona: Planeta, 1981.

Pérez Firmat, Gustavo. *Life on the Hyphen: the Cuban-American Way*. Austin, TX: University of Texas Press, 1994.

El exilio: ritos de identidad en *Felices Pascuas* y *La noche de Ina* de Hilda Perera

Mirza L. González
DePaul University

> *"El presente. . . no es transparente, es un tiempo caído, del exilio, en el que se rehacen, se recobran, los símbolos, después del golpe devastador de la historia.*
>
> (González-Echevarría, 165)

Entre sus múltiples quehaceres literarios, Hilda Perera se distingue como cuentista y novelista notable. Su primera colección de narraciones, *Cuentos de Apolo* (1947), fue favorablemente reseñada por Juana de Ibarbourou, José Antonio Portuondo y Germán Arciniegas y ha sido traducida a varias lenguas modernas. *Cuentos para grandes y chicos* (1976), y *Podría ser que una vez* (1981), fueron nominadas con el Premio Lazarillo otorgado por el Ministerio de Educación de España. Aparte de sus numerosas colecciones en este género, en que el afán de entretener trenza historias, acontecimientos y aventuras alrededor de un protagonista infantil, Perera tiene novelas con una fuerte dosis de sentimiento nacional que documentan la trayectoria histórica cubana. Entre ellas pueden mencionarse: *Mañana es 26* (1960) [1], *El sitio de nadie* (1972), *Felices Pascuas* (1977), *Plantado* (1981), *Los Robledal* (1987), *La jaula del unicornio*

---

[1] La única novela sobre la lucha cubana contra la dictadura de Fulgencio Batista escrita por una mujer (Méndez Soto, 20).

(1990) y *La noche de Ina* (1993). Deben agregarse *Mai* (1982) y *Kike* (1984), dos novelas cortas para niños.

Desde que Perera salió de Cuba, en 1964, ha vivido en Miami, una ciudad de los Estados Unidos altamente poblada de exiliados o emigrantes de la América Latina y donde radica la mayor concentración de cubanos en el país. La autora, parte integrante de ese conglomerado, se ha ocupado todos esos años de articular y transformar sus vivencias en producciones literarias.

La condición del exilio, y la literatura que de él emana, es copiosa en el ámbito universal. Existen numerosos estudios sobre esta experiencia tan compleja y variada. Paul Tabori en *The Anatomy of Exile*, uno de los libros más completos sobre el tema, define esta experiencia de la manera siguiente:

An exile is a person compelled to leave or remain outside his country of origin on account of well-founded fear of persecution for reasons of race, religion, nationality, or political opinion; a person who considers his exile temporary (even though it may last a lifetime), hoping to return to his fatherland when circumstances permit—but unable or unwilling to do so as long as the factors that made him an exile persist (29).[2]

La literatura del exilio cuenta con autores altamente reconocidos procedentes de todo el mundo, entre los que se destacan gran cantidad de latinoamericanos. [3]María-Inés Lagos-Pope alega al respecto:

---

[2] Tabori enfoca el problema desde el punto de vista semántico e histórico y presenta un bosquejo de la historia del exilio desde la antigüedad pre-cristiana hasta el siglo XX. El autor diferencia cinco tipos de exilio en los que se mezclan el exilio voluntario e involuntario: 1) los que emigran en contra de su voluntad, obligados desde afuera; 2) los refugiados políticos; 4) los que abandonan su país por condiciones irracionales; 4) los que emigran por razones económicas; y 5) los que son obligados a emigrar porque pertenecen a un grupo inaceptable (29-30). Otra obra interesante sobre el mismo tema, pero con un enfoque psicológico, es el estudio de Bettina Knapp.

[3] En la nutrida lista de exiliados latinoamericanos deben destacarse las autoras Isabel Allende, Cristina Peri Rossi, Luisa Valenzuela, Julieta Campos, Mayra Montero, Cristina García, Mireya Robles, Julia Alvarez y los autores Julio Cortázar, Mario Benedetti, Augusto Roa Bastos, Angel Rama, Fernando Alegría y Ariel Dorfman. Es preciso agregar otros exiliados, cubanos de obra impactante, tales como Reinaldo Arenas, Severo Sarduy, Guillermo Cabrera Infante y Heberto Padilla.

For many Latin American writers exile has become not only a fact of life and a literary theme, but a leitmotiv of a Latin American reality and literature. For the creative artist exile is an especially traumatic experience, not just because of the physical displacement from the native land but because his or her professional tools are inextricably related to cultural or linguistic realities of his/her country of origin (8).

Es innegable que en todas las novelas de Perera hay un intento de recuperación y preservación de lo cubano a través de gestos, palabras, costumbres, recuerdos y otras maneras de expresarse, individual o colectivamente, de los personajes que pueblan sus obras. Aún cuando el tema del exilio político aparece con distinta intensidad en todas sus narraciones novelescas, se han escogido *Felices Pascuas* y *La noche de Ina* como los mejores exponentes de ese fenómeno.

En el análisis de estas novelas van a destacarse, cuando sea pertinente, las siguientes etapas del exilio: a) la jornada física, el viaje y las circunstancias que rodean el desprendimiento de la patria; b) la vida en el país de adopción, el período de ajuste; y c) la búsqueda o reafirmación de la identidad.[4] Además se analizarán los sentimientos que afectan a los personajes tales como la nostalgia, la soledad y sus secuelas: el aislamiento y la falta de comunicación. Se observará en estos individuos la búsqueda de la permanencia, opuesta a la temporalidad o el sentimiento de desubicación. La memoria será un elemento importante en la recreación de lo estructurado, lo vivido, para la afirmación de la identidad. Las proyecciones del pasado en el presente, asociaciones y repeticiones de nombres y hechos,

---

[4] En su artículo "Exile, Self, and Society" en Lagos-Pope, Robert Edwards considera tres modalidades importantes de transformación conectadas al exilio: 1) la memoria, 2) el impulso de la restauración (la creación de una sociedad paralela a la original), y 3) el sentido de la identidad.(24-27) Aunque los lineamientos seguidos por la autora de este trabajo no coinciden con las modalidades de Edwards, puede percibirse a través de su análisis de Perera, que éstas han sido tomadas en consideración.

Sobre la importancia de la identidad, específicamente en el caso del exilio, Peter Berner explica: "Everyone concerned with refugee work knows that however varied the lot of individual refugees the problem of identity is of central importance to human psychology. The feeling of identity implies. . . that a human being feels he is the same person as he was yesterday (in his childhood and youth) and will be tomorrow (in his immediate and more distant future). This feeling of remaining the same, of `remaining true to themselves' gives people the confidence necessary for a normal existence despite life's ups and downs" (Tabori, 30).

ayudarán a la identificación con el ser auténtico. Asimismo, se notará la práctica de ejercicios rituales, en los que participan distintas generaciones, con el objetivo de la recuperación y fijación de símbolos culturales.

Felices Pascuas es una novela circular en cuanto a su estructura.[5] Al principio se plantea el conflicto y después se explica y desarrolla. La acción transcurre en los días de Navidad, desde el 21 de diciembre hasta el treinta y uno. Sostienen la trama novelesca tres jóvenes, miembros de tres familias con experiencias diferentes en el exilio. Jorge, hijo de la narradora, Sylvia Lorié y Octavio (Tavito) Fiol integran un triángulo amoroso. El agente catalizador es la relación que se establece entre Sylvia y Jorge, observada desde cerca y analizada por la madre de este último.

La madre de Jorge es el personaje principal y la narradora omnisciente, quien en sus papeles de mujer como madre, esposa, e hija deja constancia de lo que ocurre a su alrededor y lo enriquece con sus propias impresiones. El más importante es su papel maternal. Al principio de la novela le parece que los hijos no la necesitan y se siente excluida de sus vidas:

> Si veo que me oyen pero no me escuchan, como quien ha asistido demasiadas veces a la función en que me voy convirtiendo, me quedo como una loba dándole vuelta a resentimientos y celos difusos. (Con otros han hecho alianza, no opinan como yo, con otros secretean, ríen, cambian tibiezas, me comentan y hacen croquis de cómo será, sin intervención mía, la vida que se trazan) (7).

El esposo atribuye sus rarezas a la menopausia; la cuñada aduce que como madre se ha quedado cesante. Se agudiza este sentimiento negativo cuando conoce a Sylvia y piensa que por ella vendrá su marginación definitiva. La falta de seguridad del personaje se debe no solamente a los cambios hormonales, sino también al temor de convertirse en algo "passé" y como consecuencia caer en un estado de casi no-existencia, de presencia invisible, cuyo final sería la desaparición absoluta. Su afán por luchar contra ese estado, por mantenerse vigente, es una constante en la novela. Siendo vigente **es**, recordando lo que fue o lo que hizo se reafirma como individuo, y por la memoria **sigue siendo**: "La memoria, perdida. Estoy hablando, y de pronto se me queda la mente en blanco. Se me olvidan los

---

[5] Futuras referencias a esta novela se harán con las siglas *FP*.

nombres. . . Entonces, para darme confianza, me pongo a repetir números de teléfono, a ver si los recuerdo: el de Trianón, hace treinta años, era el 3-2403...el de la Farmacia, que ni siquiera existe..." (42). [6] Aparte de que la facilidad relativa para recordar lo antiguo, y la dificultad de recordar lo reciente, es característica de la menopausia, en este ejercicio la narradora retrotrae detalles de su vida anterior al presente con el objetivo de afirmar o consolidar su entidad individual, de demostrarse a sí misma que ha existido y todavía existe, destruyendo sus dudas sobre su inexistencia. Se aplicaría aquí la fórmula de "fui" y todavía "soy".

La madre de Jorge, por otra parte, examina la conducta de Sylvia y, siguiendo los lineamientos tradicionales de la hidalguía española (¿hija de quién?), aplica el proceso de su cultura de origen para situarla socialmente: "¿Cómo dijo que se apellidaba? ¿Lorié?...y mentalmente hojeo el libro de la Crónica Social, que no es que uno se guíe por eso,... pero siempre ayuda" (9). Sigue pensando mientras organiza la información: "Salió hace quince años y si todavía tiene beca, es que no se han abierto paso, y es raro, porque cabe perfectamente en muchacha-Miramar-ballet-colegio de monjas-arito de oro por cada cumpleaños, dormilonas de brillantes-o sea, padre profesional. . ." (10). Como bien dice Wittlin, el exiliado "is threatened by the danger of pining ever for the stage properties employed by older, today no longer living, worlds. . ." (32).

Quiere la narradora seguir vigente. Por ello, se propone celebrar la Nochebuena al estilo de su patria, en lucha por mantener vivo un rasgo cultural tan arraigado en los cubanos. Estas costumbres, sin nadie proponérselo, se han ido fusionando con las del país adoptado. En el sincretismo navideño, parte anglosajón, parte cubano, se conjugarán el árbol de navidad y el lechón asado. Sus planes se frustran y termina celebrando la fiesta en casa de la hija. Piensa: "En vez de puerco asado, arroz con frijoles y yuca con mojo, jamón y pastel de calabaza. Nada, en una generación, no queda nada, nada..." (99). No puede evitar el recordar las Pascuas de antes, en Cuba: "Busco refugio en aquéllas, las Pascuas mías, que nadie podrá

---

[6] Es interesante destacar la siguiente cita del estudio de Joseph Wittlin sobre casos semejantes al proceso mental de la narradora: "In Spanish, there exists for describing an exile the word destierro, a man deprived of his land. I take the liberty to forge one more definition, destiempo, a man who has been deprived of his time. That means, deprived of the time which now passes in his country. . . the exile lives in two different times simultaneously, in the present and in the past. This life in the past is sometimes more intense than his life in the present and tyrannizes his entire psychology" (32).

escamotearme nunca. Entro, cruzando el tiempo. Aleja está en la cocina. El puerco se asa sobre los carbones encendidos y cruje y se dora bajo las hojas de guayaba" (100). Recorre mentalmente las habitaciones de su antigua casa, sale al patio, donde es capaz de sentir y oír a los animales. Ve los cuadros de las paredes. Los tíos como cenefas alrededor de la mesa, el viejo brindis, superpuesto al del momento presente, el de "un hombre pelirrojo y barbudo (su yerno) que dice en inglés `Merry Christmas' y el de la hija que brinda y anuncia, como recordatorio de la perenne fluidez del tiempo, que el nieto pronto cumplirá dos meses (104). Ese niño será la segunda generación nacida y criada en el exilio, de madre cubano-americana y padre anglosajón y perderá, en mayor medida que la anterior, la raíz cultural de sus abuelos.

Sylvia carga una fuerza trágica desde su abandono del país. Es fácil descubrir en su historia que las circunstancias de su exilio han sido diferentes a las de Jorge. Sobre la experiencia individual y la patología del exilio comenta E. Pinter:

A group of exiles can never be considered as a simple mosaic of the nations from which it had been torn under the influence of varied political, social, economic, or individual impulses... we must add another factor. From the moment of crossing the frontier the exile lives in a different setting which sets in train a psychological development that differs in many respects from his original psychological make-up. This divergence of destiny influences also the psychopathology of exile (Tabori, 33).

Al acto migratorio de Sylvia debe añadirse el gravamen de un desprendimiento violento: "Mamá y yo salimos solas. Cuando lo de la patria potestad... Mamá cogió pánico y me sacó con pasaporte falso. Papá estaba con el régimen y se quedó" (13). De forma natural comparte con Jorge la pena de ir olvidando detalles del país de origen. Sus memorias llevan el lastre de un trauma: "Yo digo `las ánimas', (referencia a la calle Las Animas en la Habana) y veo un pasillo muy largo, y no hay nadie, y yo estoy vestida de blanco, como las niñas antiguas y voy corriendo, corriendo y busco y llamo a alguien y el pasillo se alarga y se alarga y se alarga y no termina nunca" (19).

En discusiones con Jorge, Sylvia le reprocha, a veces con agresividad, que su vida haya sido más fácil que la de ella:

Lo tuyo ha sido una fiesta, una aventura. ¡Un exilio de muestra! ¿Que dejaste tu casa? ¿Que al principio tuviste que vender periódicos? ... Pero tenías padre y madre. Sabías dónde estaban y qué hacían. ¡Pero yo! Cuando tenía seis años. . . Cada vez que pasaba un avión lo miraba, y me decía: ¡Ahí viene mi padre! Y alzaba los brazos. . . como si pudiera alcanzarlo. Y luego, el `foster home.' Luego Chicago. . . ¿Y tú sabes dónde vivía yo? ¡En el barrio de los negros! Mi madre salía a las cinco de la mañana y yo me quedaba mirando hasta que la perdía de vista, y luego me iba al colegio sola, y volvía sola, y me preparaba la comida sola, y me pasaba la vida pensando qué hacía si algún día le pasaba algo (61).

Para Sylvia, el recuperar a su padre se convierte en una idea fija. "No he vuelto a saber de él. Le escribo, pero no contesta. A veces pienso que está preso; otras, que ha muerto" (13). En medio de su crisis de locura, y en un estado obsesivo y de angustia profunda, le pide a la madre de Jorge que la ayude a localizarlo.

Según Alicia Aldaya "Sylvia es la víctima de sí misma, de la ruptura de los lazos familiares, del exilio subversor, de una sociedad desorientada y desenfrenada. Aceptada la culpa, sus resultados inmediatos c(s)on la confusión y el dolor" (124). Sobre esto es importante comentar que Sylvia no es víctima de sí misma sino de las circunstancias de su vida. El trauma de la ruptura familiar se agudiza con su condición de exiliada. Cuenta que vive en un "foster home" cuando llega de Cuba; más tarde vive en Chicago, un lugar totalmente diferente a los que ella conocía. Hace notar las escaseces económicas, el barrio "de negros", y la obscuridad depresiva de los días de invierno, en los que anochece a las tres de la tarde. Su único familiar, la madre, trabajaba duramente, y la niña quedaba sola y con miedo la mayor parte del tiempo. Las circunstancias particulares de su exilio en sus años formativos, unidas a la influencia de la sociedad, determinan su caída y estado de confusión que colinda con la locura. Sylvia no puede aceptar culpas que no tiene.

Es por medio de Solange, conocida de la narradora, que se sabe la historia de Octavio Fiol y de su hijo, Tavito. Tavito se interpone como una sombra entre Jorge y Sylvia porque la joven espera un hijo suyo. Solange cuenta las penalidades de Fiol en el exilio: la enfermedad de los nervios, la falta de trabajo y la drogadicción del hijo. El exilio de Tavito difiere del de Sylvia y Jorge, lo cual corrobora la unicidad de la experiencia mencionada por Pinter. Tavito estuvo en Plainsville rehabilitándose, ha estado en la cárcel por asesinato y termina su vida destrozado en las fauces de un perro de presa.

Estampas del exilio cubano son presentadas directamente por la narradora, así como a través de sus conversaciones con Solange, Marcia y otros personajes.[7] Se hace referencia a la operación Pedro Pan: "familias mutiladas, padre aquí, madre allá, o viceversa, o hijos mandados antes, que pasaron tantísimo trabajo, los pobrecitos, de orfanato en orfanato, o peor. Los padres creyendo que serían seis meses de separación a lo sumo; y luego años" (Masud-Piloto, 12)[8]

Perera retrata con candor el tipo físico y psicológico de las abuelas del exilio:

> Si es abuela sin afeites, ventruda, con las manos regordetas y llenas de manchas de vejez, que se le ilumina la cara de ternura, fíate... (si) es abuela de fleje, acerada, con mirada que no contesta o no sonríe a tu mirada, guárdate, que son viejas tipo murciélago o vampiro... si es abuela de porte distinguido, pelo gris-azul, traje sencillo y sortija o aretes de brillantes, no la interpretes mal." (39)

Por mediación del tío Ricardo la narradora reconstruye el pasado cubano y documenta tiempos más recientes. Sus anécdotas de juventud, de Belén (colegio jesuita de La Habana), del Casino Español y del café de San Lázaro y Virtudes aparecen interpoladas en la novela. La narradora imagina con vividez una escena rutinaria entre el tío y sus amigos que adquiere características rituales:

> Yo veré a cinco viejos calvos o de pelo teñido... Llevarán el mismo traje que trajeron de Cuba; en la corbata, el alfiler de brillantes que aún no han podido vender a buen precio... Se imaginarán por un instante que están en el Floridita, en La Habana... Luego coincidirán, apasionadamente, en que Fidel está al caer. Que la situación se hace insoportable. Que le está costando a Rusia más de un millón de pesos diarios. Discutirán, interrumpiéndose, si de regreso podrían ocupar de inmediato sus

---

[7] A cuadros del exilio se refiere Aldaya en su análisis de *FP* al aducir: "hay espejos donde aparecen pedazos de la vida de los exiliados cubanos en Miami" (141).

[8] La Operación Pedro Pan, comenzada en 1960, alcanzó a enviar solos a los Estados Unidos un total de 14,048 niños, con el fin primordial de evitar su adoctrinamiento político. La separación se extendió más de lo anticipado y muchos de esos niños esperaron veinte años para reunirse nuevamente con sus familiares.

antiguas fincas, negocios, oficinas, si deberá respetarse algo del proceso. Alguno habrá que se enfurezca y le dé taquicardia y proponga que se haga tabla rasa con los comunistas... (74).

Los cambios sociales, producto de la liberación femenina, son discutidos por la prima Marcia: "Una mujer puede decidir su vida. Acostarse con quien quiera, tener o no tener un hijo. Casarse o no casarse. Hasta decidir un aborto... Ahora con el *women's lib* han cambiado todos los puntos de vista. La virginidad no importa" (149). Es interesante destacar cuán importante es para la narradora que su hija haya llegado virgen al matrimonio, y que su futura nuera se comporte de igual manera.

En sus conversaciones con la narradora Solange expone problemas sociales de repercusiones inmediatas en las familias exiliadas, ya que son inherentes al medio donde sus hijos se crían:

Esto se va al demonio, chica. Imagínate que la universidad. . subvenciona el *Gay Liberation Movement*... En el mismo *campus* hay una especie de hondonada y allá se van los mucha-chos, los sábados, a fumar marihuana... Los dormitorios *unisex*, la droga a mil... Se meten en un apartamento como dicen aquí *to do their thing*, se acuestan muchachos con muchachas, hombres con hombres, se cambian parejas.." (139).

Da Solange una buena síntesis de los problemas de los jóvenes. Cree ella que ni son americanos, ni pueden sentirse cubanos; y que no hablan ni inglés ni español. Los compara con la generación suya y de la narradora: "nosotros vinimos con nuestro equipaje, con nuestro maletín lleno de los valores nuestros... pero estos muchachos se enfrentan con un mundo distinto, y no tienen nada en el maletín... Luego, los *pushers* están ahí, a la que se cayó" (141).

Además de contrastar las costumbres de Cuba y del país de adopción con comentarios sobre la falta de tiempo, la forma de vivir precipitada, la tensión nerviosa, el aislamiento y la soledad, se presentan problemas de esta sociedad en general, tales como la ola de violencia, los asaltos y las violaciones. Estos temores se vuelven parte de la vida diaria de los individuos que viven sometidos a ellos. La madre de Sylvia hacía tiempo padecía de delirio de persecución. Cada día, cada noche, los hechos sangrientos ocurridos en la ciudad corroboraban sus temores.

En los capítulos finales la tensión creada por el fondo de violencia en la ciudad sube cada vez más. Aumentan las alusiones a noticias de radio sobre la criminalidad imperante y, lo que debería ser un ambiente navideño, se estremece con sonidos de sirenas y aires de desgracia. A partir del diagnóstico de cáncer a la tía Graciela y el anuncio de su muerte cercana, la trama se entreteje con las historias y sueños de la narradora. Entre ellos se destaca el episodio de la cacería y matanza de las ranas y la pesadilla premonitoria con el padre muerto. El clima completo de la ciudad y la casa de la autora son precursores de la desgracia final.

Tanto la jornada hacia el exilio en *La noche de Ina*, como la lucha por la adaptación, carecen de importancia en la novela.[9] Los personajes son individuos insertados en la sociedad norteamericana, ya establecidos y solventes económicamente. Prima, sobre la anterior novela, la búsqueda de la identidad y la fijación de las modalidades culturales.

Ina, la narradora, es una mujer mayor y viuda, con dos hijos casados y siete nietos, pero que todavía lucha por mantener su independencia y carácter individual. La acción de la novela transcurre durante una noche de fiesta en la casa de su hijo y su nuera donde Ina funge de anfitriona. La protagonista se siente fuera de lugar, atribuyendo ese sentimiento al hecho de que no podemos substraernos a nuestro pasado. Todos lo arrastramos, y es parte integrante de lo que somos. Cuando llegan a su mente recuerdos de su juventud, del colegio, de su primer amor, piensa: "¿Por qué no puedo estar íntegramente donde estoy?... Porque nadie puede; porque nos hala ese buque que tenemos sumergido dentro y nos angustia el clamor de sus náufragos" (17).[10]

En la compleja caracterización de Ina es necesario destacar tres funciones importantes: como observadora de personajes y situaciones; como catalizadora de los intercambios dialógicos del grupo; y en su función psicológica, al transmitirle al lector el fluir de su conciencia a través del monólogo interior.

El quién soy, la búsqueda de la identidad, es tarea de todos en esta novela. La fiesta, causa aparente de la reunión, enmascara el motivo "aparentemente real" de crear una obra de teatro experimental. La anterior

---

[9] Futuras referencias a esta novela se harán con las siglas *LNI*

[10]Es interesante destacar las imágenes que selecciona Perera. La última, símil en que la isla es buque sumergido que los exiliados llevan dentro, y sus habitantes náufragos abandonados en medio del mar, subraya la historia marítima del éxodo cubano. Innumerables vidas de cubanos, de todas las edades, se han perdido por esta ruta hacia los Estados Unidos. Además del éxodo constante en pequeñas embarcaciones, ocurrido durante años, se destacan tres grupos masivos en la historia de la emigración política cubana: Camarioca (1965), Mariel (1980) y el éxodo de agosto de 1994.

expresión paradójica encubre la necesidad subconsciente de los asistentes a la fiesta: el concretar una tradición cultural que se diluye y transforma por momentos en la cultura adoptada. Por medio de ejercicios rituales, en los que entran en juego la memoria colectiva de distintas generaciones, las proyecciones del pasado, y las comparaciones con el presente, se busca la identidad del exilio cubano en un momento dado de su historia. Notar que todos los asistentes a la fiesta comparten un origen étnico, un fondo cultural común y una experiencia histórica semejante. La autora presenta en *LNI* un contraste entre el exilio de la generación saliente, en forma de memorias y recuerdos, y las imágenes del exilio presente. Tabori resume certeramente la necesidad de este ejercicio de reafirmación: "the 'exiles' and 'refugees' conception of themselves, the 'mirror-image,' must be constantly checked" (Tabori, 31).

Ina rememora su juventud: "Acuérdense que vengo de una sociedad victoriana. Siempre salí con chaperona; nunca tuve que decirle no a las drogas, porque en mi mundo no las había; jamás se me ocurrió o me atreví a acostarme con nadie" (48)

Como estímulo para que Ina reaccione, se presentan costumbres del exilio. Por ejemplo, la fiesta de quince que describe una de las asistentes es una sátira a esa celebración:

La festejada bajaba del techo metida en...una ostra enorme!...a la entrada del salón de buffet había un puente y un gran arco con un letrero dorado que decía: Felicidades, Vanessita. El buffet ... impreso en pergamino legítimo y letras doradas. Consomé a lo Vanessa. Filete Vane... Había que ver al pobre Genaro (el padre), que en su perra vida había dado un paso de vals, dando trompicones y sudando la gota gorda. Por fin entregó a la niña y se quedó satisfecho, cetrino, plomero, endeudado, con el traje raquítico y un gran tabaco en la boca, como el indio del Cucalambé. (33).

Seguidamente se mofan de los honores y diplomas que se distribuyen indiscriminadamente:

"...empezó la repartición de pergaminos. La cosa era de quince en quince. Llamaban a Fulano, que se había distinguido en el comercio: tenía un garage en la calle José Canseco; a Zutano por su labor periodística: publicaba una revista mensual con noticias de sociedad; a Sutanita, que había puesto muy en alto el nombre de la patria con su labor artística: tenía una Academia de Bailes Españoles" (34).

Ina se siente ofendida con esas historias. Orgullosa de su origen étnico critica en su interior al grupo: "¡No ando disfrazada, mendigando que me acepten otros! Ustedes a fuerza de americanizarse se han convertido en estereotipos" (35). Con una indignación sorda, y temerosa de exteriorizar su furia, piensa que estas burlas envenenan a las nuevas generaciones:

Por eso mi nieta no quiso celebrar sus quince y mi nieto se negó a recibir en público el diploma al mérito que le ofreció una asociación hispana. Por eso no hablan español. Por eso esconden el Pérez y el González, como si fuera afrenta: se disfrazan de gringos; protestan que son americanos ¡Son ustedes con sus cuentos quienes les devoran las raíces! (35)[11]

Insisten los invitados en que Ina les cuente sobre las fiestas de la patria para compararlas con las del exilio. Por complacerles, la protagonista describe las antiguas graduaciones con un tonillo de burla:

no eran las graduaciones sencillas de ahora. Siempre recitaba una recitadora muy guapa vestida de gasa...Y no fallaba un acto de Copelia, o de... (Las) Sílfides... Unas muchachas gordas o demasiado flacas vestidas de tul blanco eran las sílfides. Tampoco faltaba la soprano lírica ya retirada, que por tía de algún alumno, hacía las delicias del respetable con el Brindis de La Traviata (43).

En Ina, rica en experiencias, buscan los jóvenes las raíces del pasado para establecer los puntos de enlace con el presente. La protagonista habla sobre sus amigos, muchos viudos y con terror a la soledad: "Todos tienen más de cincuenta y ocho años, la presión alta... hijos con problemas de modernismo, nietos que no llaman... la preocupación de si les sobrará vida o les faltará pensión" (75).[12] Explica cómo se buscan: "somos exilados de

---

[11]Este encadenamiento de reacciones está bien explicado por Robert Edwards: "The fact of exile tests notions of self and social order, and as it does so each of the terms transforms. Exile does not simply magnify personal separation to a collective displacement; rather it intensifies the dialectical relation of the individual within the social. . . by its very nature, exile is a psychological experience, a response of mind and spirit to customs, codes, and political actions" (Lagos-Pope, 17).

[12]En el fondo se destaca la soledad típica de esta condición. Ina se refiere a este sentimiento con el término "la soledad poblada" expresado, al igual que otros del exiliado, en el poema "Song of the Exile": "Exile is the loneliness in the middle of a crowd-/Exile is longing never to be fulfilled,/it is love unrequitted, the loss never replaced-/the listless, loveless, long wait for the train/that never arrives, the plane that never gets off the ground"

una misma patria en el tiempo. No necesitamos más pasaporte ni trámite para la amistad. Nos reconocemos víctimas del mismo naufragio" (74).

Hacia el final Ina pierde el temor y, abriendo en palabras el pensamiento, da sus opiniones sobre la situación actual de todas las mujeres en lo que parece una crítica feminista: "Las jóvenes, creo, me atrevo a considerar... llevadas de la prédica de libertad sexual se dedican a una vida promiscua, sin percibir que son... prostitutas sin pago" (86). A partir de ese momento expresa directamente lo que siente:
el feminismo es anacrónico... Ustedes llevan en la entraña su misma contradicción. Ya tiene quince, dieciséis, diecisiete años, la generación de hijos postergados, abandonados, llevados antes de tiempo a guarderías, abusados sexualmente por falta de nadie... ¡Hablo por mis niños, por mis nietos y nietas, por toda esa generación de casas sin nadie, de llegadas del colegio a casa sola, de tantas confidencias sin hacer, porque no hay oído...!"
(90).
El final es catártico. Atacada, vituperada, sale huyendo, tropieza y se le cae la peluca. Entre aplausos se entera que ha sido la primerísima actriz de una obra de teatro experimental que acaba de finalizar. Humillada por haber sido objeto de la manipulación, desorientada, y en busca de consuelo, se acerca, primero al hijo, que no la comprende, y después a la madre, símbolo de la fuente original.[13]

En conclusión, las tres etapas del exilio tomadas como punto de referencia en el esquema analítico de *FP* y *LNI*, mencionadas al principio de este trabajo, aparecen enfatizadas con distinta intensidad. Se hacen referencias indirectas al viaje de Sylvia y la madre, al desconcierto del

---

(Tabori, 9).

[13] La figura maternal es una constante "pereriana." La narradora y la madre de Sylvia, en *FP* son capaces de matar por el amor a sus hijos, como efectivamente hace esta última. Son importantes también en sus novelas las abuelas, que son doblemente madres. El acercamiento de Ina a su progenitora, al final de *LNI* tiene un doble significado pues ésta pudiera asociarse simbólicamente con la patria. Ya antes la narradora ha hecho esta asociación: "No, nadie te olvida, madre; andamos todos tus hijos con tu muchedumbre de palmas y tu dulzura y tus mártires buenos y todos tus verdes y los azules del mar que te cobija. . . Aquí estamos y estaremos luchando, madre lacerada, hasta que resurrezcas" (35). El anhelo de Ina por fundirse con la fuente original (real o simbólicamente), se identifique ésta con la madre natural o la madre-patria, es una declaración del ser, una forma de autodefinición.

padre abandonado en Cuba, y al estado de inseguridad económica y psicológica de la joven, Tavito y su padre en el país de adopción. En *FP* se deja constancia de una generación de cubanos que llegaron al país siendo niños y de jóvenes que tratan de asimilarse a la nueva cultura. Con tristeza y sentimientos negativos se alude a este grupo[14]. No hay en esta novela un fuerte sentimiento de búsqueda o afirmación de la identidad, pero sí se intentan mantener vigentes las tradiciones culturales. *FP* presenta el confuso período de ajuste de esa difícil época del exilio temprano, anterior históricamente a *LNI*. En *LNI* no se hace alusión al viaje, ni al período de ajuste, ya que este último ha sido superado. Hay dos generaciones discernibles en *LNI*: la más vieja, integrada por Ina y los amigos que ésta menciona; y la primera generación nacida o criada en el exilio, a la que pertenecen la mayoría de los asistentes a la fiesta. La búsqueda o afirmación de la identidad y la preservación de los valores culturales son enfatizados en esta novela a través de ejercicio rituales practicados entre las dos generaciones. *LNI* es el gran espectáculo ritual en el que Ina, la sacerdotisa mayor, ayudada por sus asistentes, en este caso su público, rehace y recrea lo antiguo[15]. El contraste de las costumbres cubanas de antes con las del exilio, son intentos del grupo por fijar su historia. Debe notarse que para dejar constancia de esa historia, todo está siendo filmado con cámaras ocultas.

La narradora de *FP* deja constancia del drama que se está desarrollando a su alrededor: la historia trágica del amor entre su hijo y Sylvia. Los personajes y el ambiente son del exilio de esos años. Mientras que esta protagonista se auto-cuestiona y trata de poner en orden su propia identidad fragmentada, Ina es cuestionada por unos individuos que subconscientemente están tratando de afirmar la identidad de su grupo.

Ante la forma expositiva de una época, utilizada en *FP*, se enfrentan el diálogo y la fuerza de la palabra, como técnica constante en *LNI*. La multiplicidad en el discurso de los personajes en *LNI* es una estrategia

---

[14]Gustavo Pérez-Firmat, quien denomina a este núcleo "generation 1.5", hace un agudo análisis sobre sus integrantes y llega a conclusiones muy positivas sobre ellos en el libro *Life-on- the- Hyphen*.

[15] Ina es la madre de todos, o la madre-patria que se esfuerza por enseñarles o transmitirles a sus hijos sus valores culturales. Ina simboliza, en su apoteosis final, la síntesis y concreción de los deseos del grupo exiliado que la rodea esa noche, donde todos han representado el drama de la búsqueda de las raíces y la afirmación de la cultura.

mediante la cual el lenguaje revela la diversidad de ideas, planes y metas personales que a su vez son reflejo del abigarramiento situacional y del ímpetu intelectual del grupo en la búsqueda de la raíz común, de la cultura que se va perdiendo. En el diálogo de los personajes hay una trayectoria definida hacia la recuperación de lo cubano. Las palabras son piezas de un rompecabezas que todos están tratando de armar. El lenguaje es deliberadamente del exilio, del recobro. *FP* y *LNI* son claros exponentes del exilio y tienen valor como testimonio social de una época, ya que representan 1) la historia de un segmento del exilio cubano y 2) conductas y reacciones de estos exiliados ante su situación conflictiva.[16] Las estampas que en ellas se exponen son espejos donde los exiliados se contemplan; galerías de cuadros, que al ser contemplados por los que no se hallen directamente involucrados con esa situación adquirirán conocimiento de causa y una mayor comprensión hacia ese importante fenómeno, eternamente repetido en la historia de la humanidad.

---

[16] Debe aclararse la dificultad de teorizar acerca de un tópico tan variable y cambiante como el exilio. Cada exilio, así como cada exiliado, es único. Hay diversidades patentes aún dentro de un mismo grupo nacional. En el exilio cubano se distinguen claras diferencias entre las distintas oleadas; así como también entre individuos (Jorge, Sylvia y Tavito, por ejemplo) que arribaron durante el mismo período. Muy acertadamente lo expresa Angela Ingram al decir: "the center (of exile) is always shifting, or, rather, being redefined, re-placed. . . only in the today of moving from one place to another can conclusions, momentarily, be drawn" (2).

OBRAS CITADAS

Aldaya, Aida. *La narrativa de Hilda Perera*. Madrid: Playor, 1978.

Edwards, Robert. "Exile, Self, and Society," *Exile in Literature*. New Jersey: AUP, 1988. 24-7.

González Echevarría, Roberto. *La ruta de Severo Sarduy*. Hanover: Ediciones del Norte, 1987.

Ingram, Angela. *Women's Writing in Exile*. Chapel Hill: University of Carolina Press, 1989.

Knapp, Bettina. *Exile and the Writer. Exoteric and Esoteric Experiences. A Jungian Approach*. Philadelphia: The Pennsylvania University Press, 1991.

Lagos-Pope, María-Inés, Ed. *Exile in Literature*. New Jersey: AUP, 1988.

Masud-Piloto, Félix. *With Open Arms*. New Jersey: Rowman and Littlefield, 1988.

Méndez Soto, Ernesto. *Panorama de la novela de la revolución cubana*. Miami: Ediciones Universal, 1973.

Perera, Hilda. *Felices Pascuas*. Barcelona: Editorial Planeta, 1977.

_____. *La noche de Ina*. Madrid: Ediciones Libertarias, 1993.

Pérez-Firmat, Gustavo. *Life-On-The-Hyphen*. Austin: University of Texas Press, 1994.

Tabori, Paul. *The Anatomy of Exile: A Semantic and Historical Study*. London: Harrap, 1972.

Wittlin, Joseph. "Sorrow and Grandeur of Exile," *Polish Review*, New York (1957): 32.

LA MUJER PROTAGONISTA EN TRES NOVELAS DE HILDA PERERA[1]

Ellen Lismore Leeder
Barry University

Es indudable que el papel de la heroína en la novela universal ha ido evolucionando a través de los tiempos. Si bien es cierto que durante el siglo diecinueve el personaje femenino constituía en líneas generales el soporte moral de su familia, ya en nuestra época la mujer en la literatura decide cada vez más su propio destino, muestra su fuerza de voluntad y empieza a ser respetada dentro y fuera del ambiente hogareño.[2]

Conocida autora de finas narraciones ubicadas en el espacio comprendido por el ámbito cubano y el norteamericano del sur de la Florida, representa Hilda Perera una voz de gran sensibilidad.[3] A través de

---

[1] Este nuevo estudio crítico es una versión ampliada y modificada del artículo "Personajes femeninos en la narrativa de Hilda Perera" de Ellen Lismore Leeder, publicado en la revista *Studies in Modern and Classical Languages and Literature* (V) (Selected Proceedings of the 1992 Southeast Conference on Foreign Languages and Literatures), (Florida: Rollins College, 1994) 77-82.

[2] Pilar Mañas Lahoz, "La transformación de la heroína entre el siglo XIX y XX, " *Crítica y ficción literaria: mujeres españolas contemporáneas* eds. Aurora López y Ma. Angeles Pastor (Granada: Universidad de Granada, 1989) 87.

[3] Versátil en su producción literaria, Hilda Perera es celebrada autora cubana de cuentos: *Cuentos de Apolo* (1947), *Cuentos para Chicos y Grandes* (1976); de novelas breves: *Mai* (1983) y— *Kike* (1984); de una crónica de los presos políticos cubanos: *Plantado* (1981) y de novelas:— *Mañana es 26* (1960), *El sitio de nadie* (1972), *Felices Pascuas*— (1977), —*Los Robledal* (1987),— *La jaula del unicornio* (1990) y *La noche de Ina* (1993). Acaba de publicarse *Perdido*, novela de adolescentes.

sus novelas *El sitio de nadie* (1972), *Felices Pascuas* (1977) y *Los Robledal* (1979), se despliega un variado panorama que expone los múltiples y sutiles matices de la psique femenina.

Consciente del papel decisivo que la mujer del siglo veinte ocupa en el mundo hispano, podemos apreciar la riqueza creadora de la autora por medio de las personalidades femeninas que brotan de su talentosa pluma. Tanto si esas mujeres pertenecen a las clases altas o bajas, como si reflejan pasiones negativas o bien son impulsadas por nobles ideales, en sus narraciones se puede apreciar una gran dosis de verosimilitud que denota el esfuerzo de sus heroínas quienes luchan con ahínco por independizarse de los fuertes amarres de la tradición. Muchas de ellas deciden actuar dinámicamente en los momentos críticos, por lo que revelan ser luchadoras existenciales que intentan cambiar a toda costa sus destinos y a la vez, mostrar lo más auténtico de su ser. En suma, estas mujeres enérgicas y decididas se esfuerzan por oponerse a la adversidad y pugnan por romper los moldes establecidos por la sociedad y su medio ambiente.

Brenda Frazier destaca tres fuentes esenciales de personajes femeninos literarios: la clásica, la oriental y la cristiana (28). Si por un lado la mujer clásica y oriental representa en líneas generales la orientación antifeminista actual, la cristiana tiende a idealizar a las heroínas y a elevarlas a un plano superior e inalcanzable. A pesar de que en los personajes femeninos pererianos notamos atisbos representativos de los tres tipos, pues aparecen mujeres sumisas (orientales), las que ocupan un segundo plano (clásicas), y las inalcanzables (cristianas), las mujeres que más brillan en las narraciones de la Perera son las que intentan apartarse de ciertos moldes establecidos al ser relegadas a un lugar secundario en comparación con el hombre. Ellas desean manifestar su valor, fortaleza y libre albedrío con energía y firmeza.

En la narrativa de la Perera por lo general, se descubre la constante aparición de una mujer de mediana edad de gran fuerza de carácter, que agobiada por innumerables contratiempos y situaciones críticas vitales, se esfuerza a toda costa por defender su identidad sobre todo para tratar de emanciparse de la tutela masculina. Asimismo, en sus novelas a menudo aparecen personajes más jóvenes, a veces menos delineados en comparación con las heroínas, pero que representan en términos generales el otro punto de vista de las mujeres que comienzan a recorrer el camino vital. Así ocurre en *El sitio de nadie* con Teresa, de fuerte personalidad, que se encuentra frente al agobiante dilema de optar o por quedarse en la patria ultrajada o por salir hacia un exilio que constituiría un verdadero desarraigo cultural. En *Felices Pascuas* la heroína anónima es el personaje clave en la novela, y Sylvia, la novia del hijo de aquélla, es la figura juvenil. Lo mismo volvemos a encontrar en *Los Robledal* en el personaje central, María Francisca Robledal, la matriarca de la familia. En esta obra hace también su aparición la recia personalidad de la joven Elena, nieta de María Francisca, en la que se vislumbra el gérmen de fortaleza y determinación de la abuela Robledal, quien al final de la obra tiene serias dificultades por mantenerse en pie de lucha pues ya no la ayuda la edad (más de 70 años) ni la gravedad de los obstáculos que la rodean.

Desde el punto de vista cronológico, con la excepción de una novela inicial que no incluiremos en este trabajo [4], tanto *El sitio de nadie*, y *Felices Pascuas* como *Los Robledal*, representan un recuento panorámico de la historia cubana. *Los Robledal*, que se basa en una época anterior, traza la historia de Cuba de fines del siglo diecinueve hasta la época de Machado y de los años treinta. *El sitio de nadie* y *Felices Pascuas* reflejan momentos del triunfo de la revolución y del régimen de Fidel Castro y la consecuente vida del exiliado en tierras norteamericanas. Al leer las tres obras, si comenzamos con *Los Robledal* y proseguimos con *El sitio de nadie* para finalizar con *Felices Pascuas*, recibimos la impresión de una época histórico-política de Cuba en donde la mujer pereriana ocupa un papel primordial en la lucha de emancipación y liberación femenina.

Desarrollada en el contexto histórico cubano de comienzos del régimen castrista, durante los años sesenta de nuestro siglo, la primera novela publicada de las tres obras discutidas en este trabajo, *El sitio de nadie*, descubre las vivencias de un grupo de individuos que reacciona de maneras diferentes ante un clima de tensión que provoca hondos conflictos psicológicos. La manera en que cada personaje le hace frente a las múltiples situaciones críticas vitales conmueve por su verdad humana. A causa del estado de intranquilidad política en el país, Teresa, la figura femenina central de la novela, atraviesa momentos de gran dificultad debido a la incertidumbre por el camino a tomar: o irse de Cuba o quedarse sin libertad en la propia patria; o perder su identidad y valía o doblegarse a un régimen de oprobio: "¿Me adapto, callo, me rebelo, muero, huyo llevándome? Será que hay que quedarse solo gritando y gritando en soledad

---

[4] No hemos incluido en este estudio *Mañana es 26* (1960), primera novela de Hilda Perera escrita y publicada en Cuba.

y disintiendo y dudando y sangrando de por vida y aún de por muerte...?"[5] La fuerza de carácter lleva a Teresa a clamar por su identidad en medio de la triste realidad por la que atraviesan ella y los suyos: "Un gemido, una quejumbre que muriéndome cesa, o este 'yo soy', 'yo pienso', 'yo siento', 'yo creo', 'yo opino', 'yo difiero', este albedrío..." (SN 220).

Teresa —personaje en que se descubren coincidencias asombrosas con la propia novelista— es mujer que siente una fuerza irresistible que la impulsa a escribir. Al decir de Alicia Aldaya, "Teresa es, tal vez, el trasunto de Hilda Perera. Personaje de total y desnuda sinceridad. Con intensidad sostenida libra sus debates de conciencia mientras todo la apremia para que se ubique en una desquiciada y desquiciadora situación existencial" (75). La obsesión apasionada de Teresa de perpetuarse en sus escritos, este impulso natural que siempre ha sentido, la ha perseguido desde muy temprana edad: "La pasión de escribir la tortura desde que recuerda...ama las palabras como si fueran seres...de una ascendencia hidalga donde hubo poetas, inventores y locos, le viene esta vocación ardiente" (SN 63).

Como personaje esencial en la novela, o como la voz de la autora, Teresa, a pesar de estar sufriendo una desesperante indecisión, revela tener un fuerte carácter. Está sumida en una profunda incertidumbre y a su vez se halla presa de una honda desazón que la impulsa a pensar hasta en el alivio que representaría la terminación de su vida: "¿A dónde van los como yo? ¿Cómo salgo de este sitio de nadie? Yo sigo buscando salida, pero qué mares profundos y confundidos cruzo, qué cerrazón de impotencia y qué desánimo de no poder. Voy bordeando tu frontera de alivio, muerte" (SN 221). A pesar de esa necesidad de determinación por el rumbo que tomaría su vida, de su intenso deseo de afirmar su libre albedrío, así y todo, hay un momento final en que Teresa se deja llevar por su esposo cuando éste decide separarse de la patria para marcharse hacia el triste exilio que va a representar su traslado a tierras extranjeras. Al alejarse Teresa de Cuba, la narradora omnisciente resume con palabras significativas el dramático desarraigo existencial: "Por la ventanilla, a través de las lágrimas y desgarrándonos de ella, Cuba de más nunca" (SN 329). Teresa ha vivido intensamente una época crítica de la realidad cubana contemporánea, y necesita expresarse libremente para mostrar la identidad femenina en medio

---

[5] Hilda Perera, *El sitio de nadie* (Barcelona: Planeta, 1972) 319. (De ahora en adelante las siglas *SN* y el número entre paréntesis se referirán a las páginas de esta edición).

de momentos de duda angustiosa ante la disyuntiva dolorosa del posible abandono del suelo patrio.

Si en *El sitio de nadie* la trama se desarrolla en pleno ambiente cubano, en *Felices Pascuas* se revela el mundo del exilio en la ciudad de Miami en los Estados Unidos con la amenaza de la pérdida de la identidad cultural en medio de situaciones y circunstancias ajenas. En esta obra resalta como figura central una mujer casada de edad madura sin nombre conocido que lucha febrilmente por mantener sus raíces culturales en el ambiente extranjero. La protagonista de *Felices Pascuas* es el eje por el cual giran los diversos episodios conflictivos de la novela, la cual transcurre durante la época de las Pascuas, desde un 21 de diciembre hasta el Año Nuevo. Esta cubana de mediana edad, que se halla en el difícil cambio de vida, atraviesa momentos de angustia insostenible al sufrir en su propia carne la certidumbre del tiempo que pasa inexorablemente y a la vez al reconocer el distanciamiento con su hijo y la llegada de un abandono insoportable:

Me tiembla dentro un miedo, un desasosiego, un susto, una soledad, un ¿para qué? un "no vale la pena", un ¿por qué Dios mío? Un "ya soy vieja o casi soy vieja", un ¿qué hago con el día?" Un "no hilo bien las ideas", un "no soy nada, ni he llegado a ser nada", un "se me queda la casa toda sola, un sin hijo, un ¿con quién hablo?" Un "no voy a escribir nunca".[6]

En la protagonista se oye el grito desesperado de alguien que clama ser - ahora más que nunca - persona de carne y hueso, de honor y dignidad. Nunca cifra, número o maquinaria inerte: " A veces...o grito que soy el 234-566 por el Seguro Social y el 657-786-987, por la licencia de conducción, que mi seguro - para que no me dejen desangrar en caso de accidente - es el 1937-734; que mi cuenta de banco es la 307-765-35..." (FP 93).

Esta mujer atormentada siente la soledad intensamente al pensar en el hijo que va a perder: "...lo necesito, porque me acompaño con él, porque llena este vacío que tengo, como si me cavaran dentro!" (FP 36). Poco después, con gran tristeza, dice amargamente: "Y no sé por qué, o por la

---

[6] Hilda Perera, *Felices Pascuas* (Barcelona: Planeta, 1977) 41. (De ahora en adelante las siglas FP y el número entre paréntesis se referirán a las páginas de esta edición).

menopausia, me corren dos lágrimas de soledad, o de hijo que no llamó..." (FP 55). La protagonista anónima, en el momento preciso del cambio de vida revela su gran fuerza de carácter por lo que quisiera oponer resistencia al papel tradicional femenino que la obliga a ser esposa sumisa, obediente y fiel a los designios del esposo indiferente, metódico y conformista, y así intenta rebelarse sexualmente al pensar en amantes y aventuras que sólo existen en su imaginación. La voz atormentada de la mujer incomprendida que se rebela contra su destino expresa:

...y estaré vieja y fea y menopáusica, pero todavía tengo vigilia para diez hombres y mientras tú duermes y roncas y disfrutas el sueño, te soy infiel, y me convierto en adúltera y tengo mil aventuras secretas y deliciosas y otros hombres me miran y me estremezco, y otra vez soy joven y veo los ojos, el pelo, la risa del amante que nunca tuve o que he tenido siempre! (FP 35).

De una manera diferente la joven novia de Jorge, el hijo de la protagonista anónima, pugna por zafarse de las ataduras de la sociedad. Mujer liberada, embarazada de un antiguo amante, piensa tanto en el amparo de su novio como en un aborto definitivo si fuera necesario: "—Ahora con el women's lib han cambiado todos los puntos de vista. La virginidad no importa. Una mujer puede decidir su vida. Acostarse con quien quiera, tener o no tener un hijo. Casarse o no casarse. Hasta decidir un aborto" (FP 149). La realidad de la vida moderna en el país extranjero impulsa a esta mujer a huir de los tropiezos, para así poder hallar nuevas soluciones a fin de mostrar su libre albedrío en plena juventud.

Si bien la protagonista anónima busca por todos los medios el sobreponerse contra la adversidad por encontrarse en un medio ajeno e incomprensible, su mérito consiste en ese espíritu de heroísmo por tratar de luchar contra las barreras que la rodean y al esforzarse en mostrar su libre albedrío y determinación a pesar de reconocer allá en lo más recóndito de su ser, la imposibilidad de triunfar ante los obstáculos que encuentra. Así y todo la obra termina con una nota de optimismo un día de júbilo y felicidad. La protagonista exclama finalmente: "Siento paz. Y desde el fondo de mi subconsciencia, como si fuera pauta para programar el futuro, oigo: Felices Pascuas. Oh, sí, por Dios, y aunque no sea diciembre, al fin ¡Felices Pascuas!" (FP 199).

Los Robledal, una de las últimas novelas publicadas por Hilda Perera, desarrolla su trama central en el contexto del fondo ambiental cubano de fines del siglo diecinueve y culmina en el año 1933. Esa época de guerra y de formación republicana sirve de base histórico-colectiva al relato y se mezcla al plano humano-individual manifestado principalmente por la protagonista María Francisca Robledal. La obra, de aliento existencialista, distingue a personajes que viven momentos de angustias y violencia así como otros instantes tiernos, plenos de amor y compasión. La protagonista, en su papel de hija, hermana y protectora de todos, se enfrenta una y otra vez no sólo a las crisis de su familia, sino a dilemas de índole íntima y personal.

Muchas de las situaciones en la novela son de gran interés debido a la riqueza de elementos costumbristas y al afán de la autora por comunicar la nostalgia de la patria, pero es de mayor transcendencia el universalismo expresado por la angustia existencial que podemos descubrir en algunos personajes femeninos en *Los Robledal*. Desde las primeras páginas se refleja este aspecto en la personalidad férrea de María Francisca, mujer dinámica, heroica y decidida a todo para salvar obstáculos al parecer infranqueables. Toma las riendas del hogar y se señala mentora y dirigente de la familia Robledal al ocupar el puesto del padre quien se siente incapacitado para hacerle frente al momento de crisis y desorientación durante la Guerra de Independencia en los campos de Cuba. De esa manera, la novelista muestra al personaje femenino central rompiendo con la tradición de mujer pasiva y sumisa que normalmente se debería dejar llevar de la mano del hombre. Pero María Francisca, fuerte y voluntariosa, no claudica y lucha para sobreponerse a cuanto obstáculo encuentre en su camino. Al inicio de la narración cuando acaban de morir su madre y hermana de tifus y después del entierro precipitado de las mismas cuando necesitan desalojar la casa por orden militar, ése es el preciso momento en que la protagonista decide dirigir el rumbo que tomará su vida y la de los suyos. De ahora en adelante ella será el fuerte soporte de la familia Robledal:

—¡Suban todos! ¡Vamos! Pongan dos botijas de leche. Y viandas. Lo que haya ¡Y mantas! ¡Avísenle a Julián! ¡Julián! ¡Julián! ¿Dónde está Julián? ¿De quién era la voz que salía de sí misma? ¿De quién? Los niños iban detrás; el padre, al lado suyo: una curva de abatimiento...Lo que no olvidaría nunca, por mil vidas que viviera, era el olor de la caña quemada que huele a huida, a carencia de hogar, a noche sola, a niñez quebrada en tajo, a mujer que surge y queda para siempre, eje.[7] Durante sus años como mujer casada, María Francisca se esfuerza por proclamarse el centro de toda la familia. Firme, decidida, voluntariosa, procura siempre señalarles a los suyos el camino a tomar. Una y otra vez se encarga de moldearlo todo, de dominar sin ser dominada, de dirigir y de enfrentarse resueltamente a situaciones imposibles. Se puede apreciar un genuino aire de espíritu práctico en la actuación de María Francisca Robledal, quien dirige e intenta llevar la barca de su vida —y la de los suyos— a puerto seguro.

Cuando enviuda, María conoce de desamparo y soledad. Por medio de una cadena de símiles y metáforas la autora nos comunica dolorosas emociones. A veces la protagonista sufre intensamente por esa "vieja hechicera maga" (LR 202) que es la soledad. La narradora omnisciente expresa ese profundo sentir al decir: "La soledad nos deja las manos sobre la falda como palomas muertas aunque las manos laboriosas hagan y hagan por hacer. La soledad no capitula aunque queramos asesinarla a proyectos" (LR 202).

Al pasar de los años, a medida que se va desarrollando la historia de la familia Robledal, en la cuarta generación, la historia parece repetirse en la nieta Elena. Según Wilma Detjens "Elena emerge al final del libro como la narradora más importante...que va a poder controlar su propio destino" (57). Al igual que en tiempos pasados, cuando en medio de los verdes campos cubanos, salpicados de llamaradas de rebeldía férrea, María Francisca se proclamaba eje y soporte frente a circunstancias adversas, ahora su nieta Elena se sobrepone al fatalismo implacable de la locura de su padre, toma las riendas e intenta emular a su anciana abuela. Ella decide proteger al padre ya perdido en un mundo de extravío mental. La voz omnisciente de Hilda Perera resume la idea de la autonomía y libertad femenina:

Madre, me viste ir hacia la pérdida de mi albedrío, pero tuviste la estoica reciedumbre de dejarme escoger. Es por ti que he seguido escogiendo siempre, o sea, que en la medida humana, soy y sigo siendo libre. (LR 306).

---

[7] Hilda Perera, *Los Robledal* (México: Diana, 1987) 16. (De ahora en adelante las siglas LR y el número entre paréntesis se referirán a las páginas de esta edición).

Las mujeres sobresalientes de *El sitio de nadie, Felices Pascuas* y *Los Robledal*, a pesar de sentirse rodeadas de circunstancias conflictivas, se esfuerzan a toda costa por mostrar su identidad. Podemos apreciar la dimensión existencial en la narrativa de Hilda Perera a través de estos personajes femeninos, quienes en los momentos angustiosos y problemáticos de sus vidas hacen decisiones irrevocables y definitivas haciendo gala de su libre albedrío. Son mujeres que se apartan claramente del papel tradicional que la sociedad parece exigirles. Representan ser mujeres dinámicas que no se conforman con lo que el destino les depara y luchan arduamente con un alto sentido de heroicidad.

Obras Citadas

Aldaya, Alicia. *La narrativa de Hilda Perera*. Madrid: Playor, 1978.

Detjens, Wilma. *Teresa y los otros: Voces narrativas en la novelística de Hilda Perera* .Miami: Ediciones Universal, 1993.

Frazier, Brenda. *La mujer en el teatro de Federico García Lorca*. Madrid: Playor, 1973, p. 28.

Leeder, Ellen Lismore. "Personajes femeninos en la narrativa de Hilda Perera." *Studies in Modern and Classical Languages and Literatures V* (1994): 77-82.

Mañas Lahoz, Pilar. "La transformación de la heroína entre el siglo XIX y XX." *Crítica y ficción literaria: mujeres españolas contemporáneas*. Aurora López y Ma. Angeles Pastor ed. Granada: Universidad de Granada, 1989, p. 87.

Perera, Hilda. *El sitio de nadie*.Barcelona: Editorial Planeta, 1972.

_____ *Felices Pascuas*. Barcelona: Editorial Planeta, 1977.

_____ *Los Robledal*. México: Editorial Diana, 1987.

La realidad presidiaria y la casa de ficción en *Plantado*

Oscar Montero-López
University of California at Berkeley

El tema del preso ocupa un lugar eminente en las letras de Cuba desde un principio. Dicho énfasis en el proceso de humillación experimentado por un ser humano privado de su libertad quizás se explique al tomar en cuenta el estado de subyugación en que casi siempre se ha encontrado la nación caribeña, situación que se sintetiza cabalmente al emplear el presidio como metáfora de la represión. La literatura cubana posrevolucionaria es especialmente rica en obras sobre el preso político, y entre la producción de este tipo una de las novelas más logradas es *Plantado*, de Hilda Perera. En este libro se narra la historia de José Raúl Armenteros, un conspirador anti-castrista a quien el gobierno cubano actual condena a doce años de cárcel. Las experiencias de su protagonista forman el hilo central de la novela, pero la autora entrelaza el argumento ficticio con la presencia textual de personajes verídicos quienes sufren en la página escrita las injurias que antes vivieron en carne propia. El producto final es un extraordinario enlace de documentación y creación que forma parte de una tradición narrativa mientras a la vez logra trascenderla, al emplear un personaje literario como punto de referencia para dar testimonio de los ultrajes recibidos por personas profundamente implicadas en el proceso histórico de un país.

Por varias razones conceptuales e ideológicas, el pariente literario más famoso y obvio que tiene *Plantado* fuera de Cuba es la novela *Un día en la vida de Ivan Denisovich*, del ruso Alejandro Soljenitsin. El propio Armenteros comenta sobre esta relación cuando define la meta del programa de trabajo forzado llamado «Plan Camilo Cienfuegos» al que fueron sometidos los presos políticos cubanos en 1964:

El plan estaba dirigido a quebrantarnos, a convertirnos en Ivan Denisovich, el preso ruso descrito por Soljenitsin que acepta su condena resignadamente, y se contenta con unas botas remendadas, con que alguien, ante sus ávidos ojos, deje caer una colilla de cigarro, con el placer artesano de levantar una inútil pared de ladrillos (*Plantado*, 73).

No obstante, los legítimos antecesores de *Plantado* se hallan en el traspatio. La primera obra literaria auténticamente cubana, la epopeya *Espejo de paciencia* escrita en 1608 por Silvestre de Balboa, trata precisamente del encarcelamiento que sufre el obispo de Santiago de Cuba a manos del corsario francés Gilberto Girón. Dos siglos después, el poeta mulato Gabriel de la Concepción Valdés—mejor conocido por "Plácido"—escribe su <<Plegaria a Dios>> desde su celda, en vísperas de su injusta ejecución. El mismo José Martí comienza su carrera literaria en 1875 con el desgarrador testimonio personal titulado *El presidio político en Cuba* donde denuncia las condiciones infrahumanas en las prisiones coloniales españolas. La primera obra importante sobre el presidio que se produce en Cuba en nuestro siglo es la novela *Hombres sin mujer* de Carlos Montenegro. Este texto de 1937 difiere de los otros ya citados porque sus personajes son presos comunes, no rehenes ni presos políticos. Su autor proclama la necesidad de cambiar un sistema penal que no regenera al preso sino lo impulsa hacia una degradación moral cada vez mayor.

La tumultuosa historia de la isla después de 1959, sin embargo, crea una situación muy propicia para la literatura presidiaria; abunda en particular la poesía de la cárcel. Nombres como los de Angel Cuadra, Miguel Sales, Jorge Valls y Ernesto Díaz Rodríguez nutren sólo parte de una larga lista de poetas que se confeccionó detrás de las rejas. Las novelas presidiarias son menos en número pero se puede aseverar que son más uniformemente excelentes. *Perromundo* de Carlos Alberto Montaner se basa en las vivencias personales de su autor pero sigue las pautas estilísticas marcadas por los maestros de la nueva narrativa hispanoamericana. En su novela corta *Arturo, la estrella más brillante*, el fallecido Reinaldo Arenas también usa una amplia gama de recursos no solamente para atacar al presidio revolucionario sino además para protestar la persecución que sufre el homosexual en la Cuba de hoy.

Si comparamos *Plantado* con las dos novelas mencionadas notamos el empleo de una técnica menos complicada o cerrada. Hilda Perera no se propone escribir una narración difícil de penetrar. Lo que busca es crear un protagonista que sea un preso político cubano individual pero que a la vez encarne a todos los presos políticos cubanos. La profesora Raquel Romeu no concuerda con esta opinión y dice en su ensayo <<Hilda Perera en *Plantado*: es mucho hombre esta mujer>> que "Armenteros no es la personificación de varios presos políticos" (163). Alicia Aldaya riñe con este punto de vista y cita una carta de la autora donde declara que el propósito de *Plantado* es

> "personificar en un solo individuo, en este caso José Raúl Armenteros, la entereza del hombre libre plantado en defensa de los derechos humanos que distinguen las civilizaciones de la barbarie" (36).

Podemos entonces concluír que el protagonista de *Plantado* no se supone que sea una amalgama de los rasgos característicos de varios presos y expresos reales sino un personaje que simultáneamente muestra dos distintas proyecciones dentro de la obra: la del símbolo de una causa y la del narrador de una situación extrema que vive y comparte con otros seres.

El simbolismo de Armenteros radica en su condición de destilación—es decir, una síntesis de lo mejor—de lo que representa ser plantado en el presidio cubano actual. Los plantados son un grupo de presos políticos quienes se destacan por haberse negado en todo momento a participar en los planes de rehabilitación auspiciados por el gobierno, dado el hecho de que consideran cualquier concesión al sistema imperante como el abandono de sus propias convicciones. La manifestación visible de esta rebeldía es un continuo rehúso a vestir el uniforme azul del preso político, medida a la que las autoridades responden con simplemente no proporcionarles otra ropa. De este modo los plantados se encuentran durante años enteros llevando sólo sus calzoncillos y una toalla al cuello. Así transcurrió la vida en presidio de Eloy Gutiérrez Menoyo, de Jorge Valls y de muchos otros mientras habitaban cárceles que son hervideros de enfermedades, recibiendo una dieta de poca sustancia que los guardias sazonaban con golpizas y trabajo forzado.

Hilda Perera idea al personaje central de *Plantado* como hombre que voluntariamente escoge vivir tal existencia por su adhesión a cierta doctrina política personal que según su criterio nunca jamás imperó en Cuba. Esencialmente un demócrata, Armenteros cree en la libertad con que debe contar cada persona para tomar sus propias decisiones sobre la manera de vivir su vida. Como enemigo de las dictaduras, ha participado en la lucha clandestina contra Batista y percibe una doble traición al notarle los primeros matices estalinistas a la Revolución que él apoyó. El padre de

Armenteros, también llamado José Raúl, le sirve al protagonista de abogado defensor cuando le toca su juicio y caracteriza a su hijo de la siguiente forma:

—Mi defendido, doctor José Raúl Armenteros, es un individuo de clase media profesional, de formación burguesa. Para una mentalidad como la suya, a partir de 1960 la revolución tomó un ritmo demasiado acelerado. Era material, psicológica y hasta jurídicamente imposible que desechara su formación ideológica y se adaptara a las nuevas pautas. . . Por su labor revolucionaria y sus sacrificios, hubiera podido ocupar en el presente gobierno cualquiera de las posiciones que se le han ofrecido. Pero prefirió seguir una trayectoria fiel a sus principios y continuó manteniendo en 1960 los mismos ideales por los que venía luchando desde 1946. No podía abandonar su lucha en pro de una democracia justa, para apoyar una dictadura unipersonal y comunista. . . Cuando comprobó que el partido comunista superaba su falta de juventud militante infiltrando los cuadros organizadores del [Movimiento de] 26 de julio, y que el marxismo-leninismo sustituía a la ideología democrática, aceptó la única alternativa digna que le permitían las circunstancias: seguir luchando. ¡Pero dentro de la revolución, sin renegar de ella! (53, 54).

Vemos que los valores que Armenteros llamaría imprescindibles para una civilización trascienden cualquier gobierno en particular y necesitan ser defendidos en todo momento. Es entonces hasta necesario que él sea abogado, miembro de la profesión que estudia y apoya la ley—siendo ésta el contrato que une a todos los sectores de una sociedad para que convivan de modo fructífero. El protagonista de *Plantado* guarda este interés en el derecho casi por herencia paternal. De generación en generación su familia ha mantenido una tradición de apoyo a lo que funciona como expresión verbal y canonizada del tegumento ligador de la nación. Por otro lado, Armenteros obviamente no es un simple redactor de leguleyos, pues en varias ocasiones se revela ser un intelectual preocupado por la historia y las ideas. Por eso, cuando uno de los ideólogos encargados de la reeducación le pide su opinión acerca del <<imperialismo yanqui>>, le responde así:

. . . con todas las lacras y errores del pasado, el imperialismo yanqui es más llevadero que el imperialismo ruso. Por lo menos comíamos, no había libreta de racionamiento, cada cual entraba y salía del país según su albedrío. La que se izaba en todos los mástiles era la bandera cubana. Se cantaba el himno de Bayamo, no la *Internacional*. Y aunque nos dolieran Guantánamo y Turiguanó, que yo sepa ningún cubano salió nunca de allí para morir fuera de su tierra defendiendo el imperialismo yanqui (76).

Después, desde las entrañas de una celda tapiada en la sombría prisión llamada Cárcel Boniato, Armenteros dedica su tiempo a la contemplación de la justificación de sus propias ideas dentro de un marco internacional: Pensaba en la democracia y sus fallos; en las dificultades de implantarla en países subdesarrollados. Pensaba en la esclavitud comunista. ¿Era acaso inevitable? ¿Qué pueblo había salido al fin de la dictadura proletaria para regresar a un gobierno democrático? ¿Cuándo llegaría a permear la conciencia mundial, y sobre todo, la conciencia de los intelectuales, burgueses de izquierda, que stalinismo y comunismo serán siempre sinónimos? ... ¿Cuándo llegaría a conocerse al fin, en Hispanoamérica, el tremendo fracaso de la revolución cubana? ¿Cómo podríamos llegar a convencer a los proletarios, a los hombres hambrientos, sin tierra, sin educación, sin esperanza, que los que ahora aguardaban prisión en la tapiada no éramos retrógrados? ¿Cuándo nos llegaría la hora de escribir, de hablar, de gritar al mundo nuestra experiencia humana? (173)

Resulta innecesario indicar que en estos pasajes el protagonista de *Plantado* se convierte en el portavoz de las ideas de su autora; Perera destila lo que ella percibe como lo mejor de la doctrina de los plantados y le da vida en la figura de Armenteros.

Es curiosamente aquí, a través de la proyección simbólica de su personaje central, donde se entrecruzan la realidad documentada y la ficción en *Plantado*. Armenteros, el símbolo de la lucha de los presos políticos cubanos, nos comunica anécdotas despeluznantes basadas en hechos actuales que ocurrieron en el *gulag* tropical; el ideólogo ficticio nos narra los maltratos que realmente recibieron hombres de carne y hueso por su profesión de fe en los conceptos que periódicamente irrumpen en las páginas de la novela de Perera. Muchos de estos sucesos fueron relatados a la escritora por las personas que los vivieron o los presenciaron. Entre los más terribles se encuentra la historia de la muerte de Julio Tan, llamado <<el chino Tan>>, a quien

" . . . le atravesaron la femoral de un bayonetazo y murió desangrado en el campo de caña elefante que queda en el camino a Gerona, a mano derecha, antes de llegar al puente, detrás del barriecito donde vivían los cabos" (96).

En el documental *Nadie escuchaba* del director exiliado Jorge Ulloa, un expreso que estuvo presente cuando asesinaron a Tan, hace el mismo cuento casi al pie de la letra. De igual modo, encontramos concordancia en cuanto a las circunstancias de la muerte de Ismael Madruga que nos ofrece Armenteros en *Plantado* y la versión de los hechos que presenta el ex-preso Carlos Alberto Montaner en su ensayo titulado *Informe secreto sobre la Revolución Cubana*:

> Cuba necesita que un gran escritor, sin ahorrar detalle, relate cómo murió Ismael Madruga, durmiendo en la litera alta de su celda, mientras el sargento <<Porfirio>> le atravesaba el recto y sacaba los intestinos en la punta de la bayoneta. Alguien tendrá que reproducir su último grito y su mirada de horror (246).

En su variación del testimonio Perera nos dice que Madruga era "un hombre de ojos buenos, que se pasaba la vida cantando décimas" (70, 71). En otros momentos pasan por el libro Armando Valladares, el poeta Jorge Valls y el antiguo miembro del Movimiento 26 de Julio, Eloy Gutierrez Menoyo, recipiente de una paliza despiadada por no querer ir a trabajar en el campo una mañana en que se levantó febril:

> —¿Conque no sales?
> —No.
> Le mostraron las bayonetas. . .
> —A ver si se te pasa—dijo un guardia, y le hincó la punta de la bayoneta en la pierna.
> Ninguno quiso ser menos. Empezaron por turno. Eloy iba de un lado a otro huyendo, girando. El primer culatazo le hizo perder el equilibrio. Luego cayeron todos sobre él. Parecían aves de rapiña (68).

¿Para qué contar estas historias de crueldad y de la falta de compasión? Perera acierta en unirse al acervo de escritores cubanos quienes vislumbraron en el cuadro de la vida presidiaria la manera más eficaz de comunicar el efecto de la represión sobre todo un pueblo. Aún mayor es su éxito al tender un puente muy estrecho entre el documento testimonial y la novela de tesis. *Plantado* le ofrece al lector una visión muy completa del sacrificio que algunas personas están dispuestas a proponerse para mantenerse fieles a una causa. Esta convicción resalta de modo aún mayor al analizar a José Raúl Armenteros como esposo y padre de familia, tema que queda más allá del propósito de este trabajo. Por ahora, vale decir que *Plantado* es una novela de difícil digestión pero que se disfruta enormemente por el arte que emplea su creadora al confeccionar literatura partiendo de elementos sórdidos.

Obras Citadas

Aldaya, Alicia G. R. "*Plantado*: testimonio y arte." *Actas del VIII Congreso de la Asociación Internacional de Hispanistas*, I. Madrid: Ediciones Istmo, 1986.

—"Rigor documental y valores artísticos en *Plantado* de Hilda Perera." *Encuentros literarios*. Montevideo, Uruguay: Greminis, 1985.

Perera, Hilda. *Plantado*. Barcelona: Plaza & Janés Editores, 1985.

Romeu, Raquel. "Hilda Perera en *Plantado*: ¿Es mucho hombre esta mujer?" en *La escritora hispánica*, eds. Nora Erro-Orthmann y Juan Cruz Mendizábal. Miami: Ediciones Universal, 1990.

El punto de vista narrativo en *Los Robledal* de Hilda Perera

Dulce M. García
The City College of New York, CUNY

El escritor de una novela tiene que recurrir a una serie de técnicas artificiales con el propósito de crear una ilusión de realidad. De todas las técnicas la más importante es el punto de vista narrativo, puesto que de ésta surgen todas las demás. Si una historia es un recuento de eventos y/o experiencias emocionales, psicológicas y/o físicas, cabe preguntarse: ¿De quién es este recuento? ¿Quién cuenta la historia? El sentido y la forma de esta historia depende grandemente de quien la cuenta, y por consiguiente está sujeta a distorsiones, omisiones o exageraciones. La manera en que percibimos los eventos y la personalidad de los partícipes de la trama dependen en gran medida del ángulo de visión de esta entidad, de su estado social, emocional y psicológico; de sus creencias e ideologías, inteligencia, capacidad lingüística y habilidad retórica, y sobre todo de su relación con la realidad en cuestión, los personajes y los destinatarios (o destinatario) de sus enunciados (el lector implícito de la obra). El narrador y estos elementos, por consiguiente, manipulan la historia y, por ende, al lector. Sólo vemos lo que nos es permitido ver de la forma en que esta entidad quiere que lo veamos. Todo, absolutamente todo, en una historia está contado inevitablemente a través de un punto de vista. Sólo conocemos lo que esta entidad conoce y sabemos sólo lo que ésta sabe, o lo que nos quiere dar a conocer y a saber. Pero ¿qué es el punto de vista? ¿Cómo podríamos definir este término que es y se hace cada vez más problemático?

La crítica contemporánea, en un intento de esclarecer este concepto, ha sustituido el término *punto de vista* por otros: transmisión narrativa, situación narrrativa, perspectiva narrativa, foco narrativo. Pero todos estos términos pueden definirse como el filtro a través del cual le llegan los acontecimientos al lector y conoce a los personajes. Este filtro en forma de narrador está compuesto de un sistema de valores, de una cierta actitud, de una ideología que afecta en gran medida, no sólo la forma en que el lector se identifica con el material o se distancia de él, sino la estructura y la esencia misma de la novela. El punto de vista, por consiguiente, no sólo implica un reportaje objetivo de una realidad externa, sino una evaluación subjetiva, una interpretación de esa realidad. Más que una entidad concreta, el punto de vista narrativo es una relación; es la relación entre el perceptor y lo percibido.[1]

Es mi propósito en este trabajo examinar esta relación o red de relaciones en *Los Robledal*.[2] La selección del punto de vista o puntos de vista por parte del escritor es de crucial importancia en la relación afectiva que se establece entre el lector y los acontecimientos y personajes de la novela. Hilda Perera ha seleccionado una entidad omnisciente para controlar la mayor parte de la narración en *Los Robledal*; a este narrador la escritora confiere una autoridad casi total ante la cual el lector debe rendirse. Pero los acontecimientos en *Los Robledal* no nos llegan únicamente a través de la percepción sobrenatural y autoritaria de esta entidad narrativa. Hilda Perera ha entretejido en el proceso narrativo de la novela otras voces, otras plumas, otros puntos de vista que añaden verdad y mentira, objetividad y subjetividad, información e interpretación a la compleja red de descripciones y eventos que es la novela. De hecho, en un pasaje en la novela varios de estos puntos de vista, de estas perspectivas y voces, se unen y se confunden creando una especie de escena cubista. Es como si los puntos de vista narrativos compitieran por imponerse. El resultado es un caleidoscopio interpretativo y discursivo, hermosamente caótico y de una pluridimensional realidad compartida por todos y de un conjunto de realidades individuales que coexisten en el mismo tiempo y espacio.

---

[1] Véase: Susan Lanser, *The Narrative Act: Point of View in Fiction*. Princeton: Princeton U.P., 1981.

[2] *Los Robledal*. México: Edivisión, S.A., 1987.

El narrador (o narradora) omnisciente de *Los Robledal*, como todo narrador de este tipo, es un personaje más cuya función no es ser partícipe de la acción física, espacial y verbal dentro de la trama, sino la de representar verbalmente estas acciones por medio de otro tipo de acción: el acto de escribir o de hablar.[3] Esta entidad cuenta en tercera persona y tiene la capacidad de penetrar la mente y el corazón de los personajes; él o ella todo lo sabe y se mueve por donde quiera a través del tiempo y el espacio. Este narrador, a pesar de tener el poder de adentrarse en la psique de los personajes, es el más distanciado de todos de la acción; es decir, no es ni puede ser un partícipe activo en la realidad que narra, sino un mero observador. El punto de vista, por consiguiente, es externo, es decir, todo lo ve desde afuera (aún la mente y el alma de los personajes). De todos los narradores de *Los Robledal* es éste el que posee mayor grado de objetividad—decimos el mayor grado porque alcanzar una objetividad total es implausible. El (o ella) también evalúa en cierto modo la realidad que narra; a veces es serio y solemne, otras sarcástico y burlón, y en otras ocasiones se muestra dulce y compasivo; es gran conocedor de la naturaleza humana y gran revelador de verdades.

Pero este narrador a veces se comporta de forma muy peculiar. En ocasiones se dirige directamente a un personaje aunque éste no pueda oírle: "Y tú, Teresa, le tomaste las dos manos entre las tuyas por toda entrega y le dijiste: — Todo va bien. Descansa". (249)

En otras ocasiones este narrador - dios nos alza a su nivel, o quizá él desciende al nuestro de lectores al narrar en la primera persona del plural, es decir, al incluirnos en su mundo, o más bien al él incluirse en el nuestro:

Antes de que la resignación o el tiempo — esos aliviadores — lleguen, un día, nos tropezamos con la consciencia de una muerte espiritual interior para la que nadie ofrece condolencia. Y vamos en apariencia iguales e intactos, cuando una grieta súbita nos ha resquebrajado el ser. (162)

A veces este narrador se desprende de su manera particular de ver las cosas y adopta la de algún personaje al describirnos un objeto, una persona, o un evento. En el siguiente pasaje, adopta el filtro evaluativo de María

---

[3] Según Lanser, el contar una historia constituye en sí una forma de acción en la novela, la que ella llama "acto narrativo".

Francisca al comentar sobre el nombre del que iba a convertirse en su marido:

El ritmo mismo del nombre, con las dos sílabas de i cómica y aguda, daba la impresión de rebote, musiquilla infantil, payaso viejo: cualquier cosa menos vocativo romántico (17).

En el siguiente ejemplo el narrador adopta el ángulo de visión de Eulalita y narra desde su propio punto de vista pero a través de la lente cínica y amargada de la hermana menor de María Francisca:

"¡Sabría Dios a qué parienta aburrida irían a visitar por aquellas callejuelas con olor a cloaca!" (52)

Hilda Perera hace que este narrador omnisciente ceda en ocasiones la voz narrativa a diferentes entidades cuyo grado de objetividad se ve afectado por el vínculo que tienen con lo narrado. Todos estos narradores, que examinaremos a continuación, son partícipes de la realidad narrada, es decir ya no son meros observadores, sino que también son entidades activas dentro de la trama; el punto de vista, por consiguiente, se vuelve interno. Al narrar lo hacen dentro de la realidad que nos describe en su narración. El hecho de que estos personajes se conviertan en ocasiones en narradores añade mayor autenticidad a lo narrado, a pesar de que el grado de subjetividad incrementa grandemente, y nos hallamos frente a testigos de su propia realidad, de sus propias circunstancias, seres que se ven afectados por lo que narran, que les concierne directamente.

En ocasiones nos encontramos con recapitulaciones, es decir, un personaje cuenta lo que ya el narrador omnisciente nos ha contado. Sin embargo, vistos a través de sus ojos u oídos los hechos cobran un matiz diferente, permitiéndonos, como lectores, ver una realidad desde otra u otras perspectivas que no sólo supone una visión más completa de la realidad en cuestión, sino que nos permite conocer la manera en que el personaje que narra ve e interpreta lo que le rodea que es también una forma más de conocerle. Como es de esperarse, al cambiar el punto de vista del omnisciente al de un personaje, naturalmente, la información que nos llega se limita a la información que éste sabe o quiere compartir. En otras palabras, ya no podemos contar con un ser que se adentra en los pensamientos de los demás. El personaje narrador sólo puede penetrar en su propia mente y sólo puede especular o suponer sobre los pensamientos ajenos. Su conocimiento es limitado, y por consiguiente, también lo es el nuestro. El personaje narrador sólo puede contarnos lo que ve, oye y siente o lo que otros le han dicho que han visto, oído o sentido.

El caso de Josefina, la "amiga" de María Francisca, presenta un ejemplo de este tipo de punto de vista. Ya el narrador omnisciente se había encargado de analizar los motivos de María Francisca para casarse con Quintín. He aquí el recuento del narrador omnisciente:

Pero María Francisca no había tomado ni tomaría nunca una decisión a la ligera. Sintió que a falta del otro amor, éste, de protección, podría convenirle. Además, garantizaría el acomodo de la familia, le proporcionaría medios amplios para encaminar a los hermanos y proteger al padre. Y ella, con su andar jovial, alegre y bueno, la complaciera siempre. (21)

He aquí la versión de Josefina:

Yo no me atrevería a asegurarlo porque cada persona es un mundo, pero en el fondo de mi alma sigo pensando que ella se casó por dinero. No es que la critique ¿qué iba a hacer la infeliz con tantos hermanos y sin una peseta? Porque cuando terminó la guerra se quedaron, como se dice vulgarmente, con una mano alante y la otra atrás (38).

De esta manera Hilda Perera nos ofrece una visión mucho más completa de una sola realidad.

El ver las cosas a través de Josefina ya se trate de información nueva o de algo que ya sabíamos es, podría decirse, una aventura. En ningún momento en la novela se nos presenta "formalmente" a esta mujer; es decir, ni el narrador omnisciente ni ningún otro personaje se encarga de presentárnosla o de describírnosla. Sin embargo, conocemos a Josefina a través de su acto de narrar, su propio punto de vista la delinea como personaje, su discurso la define. Josefina es el típico ser que se alimenta de lo que hacen o dejan de hacer los demás. Su lenguaje popular, chabacano y hasta, diríamos, vulgar, y su sentido del humor hacen de este personaje un narrador extremadamente singular. Todo lo que narra y describe está teñido por su aguda visión hipercrítica, por su peculiar escala de valores éticos y estéticos, y por su actitud ante el mundo que le rodea y ante los demás. Pero lo peculiar en este caso—las narraciones de Josefina—es que nos coloca frente a una especie de chisme literario. Ella narra —o cuenta el chisme— a una tercera persona cuya identidad desconocemos:

Bueno, pues ¡agárrate! Al niño le gustan los colores serios. Se enredó con una mulata. Mulata y putífera, para más inri. Oye chica, si yo no sé para qué la gente va al cine (41).

Dado a que no somos el destinatario de la narración de Josefina, nosotros, como lectores, nos convertimos en intrusos y de repente nos sentimos como si estuviéramos escuchando detrás de una puerta, nos sentimos, de cierto modo cómplices de Josefina, partícipes de sus habladurías. Es decir, el punto de vista narrativo aquí nos fuerza a sentirnos tan chismosos y entrometidos como ella.

Otro caso donde podemos comparar dos puntos de vista ante el recuento del mismo suceso es el asesinato de Medrano Faget. Es interesante comparar la versión del narrador omnisciente con el frío e impersonal recuento que nos ofrece un artículo periodístico.[4]

He aquí el recuento del narrador omnisciente:

Medrano Faget giró ligeramente a la izquierda, tuvo la poca suerte de sonreírse y de no ver el revólver que Del Junco apuntaba hacia él por debajo de la mesa. Cuando se inclinó hacia delante, Del Junco apretó el gatillo; herido, Medrano saltó para alcanzar el revólver que había dejado sobre la mesa de noche. Del Junco volvió a dispararle, ahora directamente al pecho (97).

Lo siguiente es lo que cuenta el periódico:

En el día de hoy, poco después de las doce meridiano fue muerto a tiros en la habitación número 25 del hotel Patria, sito en Oficios 35, el representante a la Cámara por el Partido Liberal y presidente del Comité Ejecutivo Municipal de dicho partido, señor Armando Medrano Faget. Se señala como autores del hecho a los representantes Marcial Del Junco y Antonio Almagro, quienes acompañaban al señor Medrano a su llegada al hotel Patria, poco después del mediodía (98).

He aquí dos recuentos del mismo hecho, el uno teñido por el color de la lente evaluativa y el lenguaje literario del narrador omnisciente; el otro despojado de todo trazo de emotividad y subjetividad posible—aunque dicho sea de paso, el periodismo por más que lo intente, tampoco es ni puede ser totalmente objetivo. Ningún discurso humano escapa la subjetividad.

---

[4]Algunos críticos se refieren al punto de vista en un recuento periodístico como "método escénico" o "técnica de la mosca en la pared" en el que se evita todo tipo de comentario interpretativo y subjetivo por parte del narrador cuya tarea al recontar los hechos queda restringida a ofrecer detalles objetivos.

Otra voz narrativa que cabe examinar es la de José Gabriel, el hijo mayor de María Francisca: "Yo hacía un enorme esfuerzo por parecer dueño absoluto de mí y lo lograba...o creo que lo lograba" (121). Este punto de vista es especialmente interesante dado a la complejidad del proceso mental en el cual nos adentra mediante sus monólogos interiores. El "yo" como voz narrativa y a la vez como foco de la narración añade una dimensión dramáticamente íntima a la novela. Este "yo" posee y denota gran autoridad y aporta autenticidad al material narrativo. Sin embargo, es éste el punto de vista con el cual el lector debe tener más cuidado. La manera en que un personaje se ve a sí mismo rara vez coincide con la manera en que lo ven los demás, incluyendo al narrador omnisciente. Pero este fenómeno es importante precisamente por esto, porque nos permite descubrir la manera en que se ve José Gabriel a sí mismo, cuál es su percepción de su propia realidad, de su propio ser. Por esto quizá este punto de vista sea el más subjetivo e inexacto de todos, porque nos presenta la experiencia emocional interna de un personaje.

La condición mental de José Gabriel hace doblemente interesante este proceso de introspección narrativa. Al narrar José Gabriel lo vemos y vemos lo que le rodea a través de una mente compleja y en ocasiones confusa. Nos adentra, sin saberlo, en su mundo interior, en un laberinto psicológico en el que se pierde y nos pierde:

El alma la concibo intemporal y perdurable, surgidora eterna
bajo víveres múltiples. Y es así, cuando entreveo, que más soy.
Y padezco de humildad y soberbia, de creer y dudar, de
afianzamiento y pérdida (296).

. Este monólogo interior, permite al lector presenciar la experiencia propia del personaje y añade credibilidad, puesto que es más natural y común que un personaje revele sus sentimientos y pensamientos que lo haga una tercera persona. Además lo conocemos, no sólo a través de lo que piensa, sino a través de su proceso mental, el cómo piensa. Mediante su monólogo lo conocemos en la medida en que él se conoce. Es otra perspectiva, fuera de la que nos da el narrador omnisciente o su hija Elena.

Ya somos intrusos de por sí al escuchar los pensamientos de José Gabriel dirigidos a sí mismo, pero cuando conversa con Cristo sentimos que, como lectores, violamos la privacidad y la sublime intimidad de un hombre cuando habla con Dios. Nos metemos dentro de una oración. Nos sentimos incómodos al escuchar palabras que no son dirigidas a nosotros:

Cómo me atrae el sueño de la muerte donde desaparezca el
vigilante preguntador. Concédemelo Señor, puesto que a ti me

vuelvo. Regálame la fe; dame la paz o por lo menos acaba con la turbulencia de mi espíritu. Déjame vivir como quisiera ella, o déjame al menos campo llano para la búsqueda (296).

Quizá el punto de vista más interesante de todos es el de Elena, la nieta de María Francisca, quien también narra en primera persona. La narración en primera persona de Elena nos permite conocerla a través de su relación con los eventos que nos narra y las personas que nos describe. La primera persona permite un mayor grado de intimidad con el lector ya que comparte con nosotros directamente sus percepciones de los acontecimientos y otros personajes que hemos conocido por otros medios, bajo otra luz, nuevos personajes, sus sentimientos, sus prioridades y la manera en que el mundo que la rodea la afecta.[5]

Elena, después del narrador omnisciente, es la voz narrativa con más autoridad en la novela. La narración de Elena pasa por varias etapas. En primer lugar narra antes de nacer, nos habla de su tío y luego de su padre, pero lo hace a través del cristal empañado del recuerdo, como si lo estuviera haciendo desde una realidad posterior, con un lenguaje y una mentalidad que sólo pueden pertenecer a un adulto:

> También, recorriendo de donde viene él, antes de ir bajando de dos en dos los escalones, junto al lago vertical del cisne, recuerdo en una pared, a la derecha de su cama verde, y a la izquierda y sobre su mesilla de noche, retratos de mujeres, de mujeres-misterio... (82).

Elena en un momento determinado se dirige directamente a su tío aunque él aún no puede escucharla, puesto que todavía no la ha conocido:

> Siéntate aquí y espera. Llena el aire vacío con tus mundos, que nadie tomará el dictado, paladeando tus olvidados gustos e irrepetibles fragancias. Siéntate, que aun no es tiempo de contarte. Tengo que nacer primero (86).

Luego Elena nos narra su propio nacimiento, nos describe en el presente y con la ingenuidad máxima que es la de un ser aún dentro del cuerpo de su madre, lo que le rodea, o más bien, la manera en que percibe

---

[5] El punto de vista en primera persona también tiene desventajas: el oír, el ver, y el saber son muy limitados (aunque aquí Elena tiene la super capacidad de percibir y concebir la realidad desde el vientre materno). Asimismo, la percepción del lector de otros personajes quedan teñidas por las limitaciones, predisposiciones y prejuicios del personaje-narrador.

su pequeña y limitada realidad hasta que por primera vez ve la luz del mundo:

En esta cobija tibia, oscura y deslizante donde estoy ciega, floto y muevo mis brazos hasta donde me lo permiten unas paredes húmedas, suaves como caricia...¿Adónde voy? ¿Por qué? ¿Quién me tortura con estos garfios? Sonido, ¿Por qué cesas? Abro los ojos: una brillantez me ciega; un grito me punza los oídos...(179).

Más adelante Elena nos narra ya siendo una niña, pero aunque su visión sigue siendo limitada e ingenua, ya se ve en ella trazos, señas de una atinada observadora y evaluadora de la realidad, es como si para ella el acto de narrar fuera una especie de desahogo, de necesidad; es más, como si no lo pudiera evitar. Incluso, llegamos a pensar que de grande sería escritora:

Ya estoy en la terraza de la Calle Trece. Para ver el cielo, no tengo que empinarme, pero si quiero hablar con Regla, que me dice "eta niña" y vive en el solar del fondo, sí. (215).

Al final de la novela Elena narra siendo ya una adolescente, se convierte en toda una artesana del lenguaje que ya de por sí es literario y casi llega a ser poético:

La casa, por fuera, trataba de ser amable: tenía rosas; pero apenas se entraba por el pasillo largo y estrecho que la centraba, sobrecogía un viento frío y entristecido como el que se alza entre las tumbas (301).

El punto de vista narrativo de Elena está formado por un lenguaje y una percepción de su presente mezclados con su recuerdo de percepciones, impresiones y concepciones de su niñez (a veces presentadas en tiempo presente), como si nos leyera su diario, pero teñidas levemente por la experiencia que trae la adultez y expresadas con un lenguaje adulto que se hace cada vez más adulto y más poesía.

Es muy significativo el hecho de que la obra cierre con la narración de Elena, es decir, que su punto de vista predomine y triunfe al final. Elena se resiste a rendirse ante el rasgo biológico y filosófico que marca a *Los Robledal*. Se rebela ante su propia realidad. Crea para sí misma un nuevo sistema de valores y una nueva ideología a través de la cual se ve a sí misma y a la vida. Quiere ser libre. Y estos elementos y esta sensación de rompimiento con todo lo que ata el ser y no deja ser, flotan invisibles en su narración, pero se hacen sentir, filtran sus palabras y su manera de observar y describir la realidad que le rodea y deja al lector con una sensación de alivio, de frescura, de esperanza.

Hilda Perera, mediante su extraordinario dominio de la técnica narrativa y la inclusión y empleo de diferentes puntos de vista, ha logrado probar que la realidad humana es, ante todo ambigua y compleja, que es mucho más que la suma de sus partes. En *Los Robledal*, la escritora ha creado creadores y cada uno de ellos, mediante su particular visión del mundo, nos ha mostrado diferentes caras, diferentes dimensiones del universo en que existen y se mueven los personajes en la novela. En cuanto a los personajes mismos, la utilización de diferentes puntos de vista, nos ha permitido conocerles, no sólo como los ve un narrador que todo lo sabe, sino como ven a los demás y se ven a sí mismos. Lo hemos conocido también a través de su expresión, de sus enunciaciones y sus enunciados, de su estilo al relatar. Y cada tipo de discurso es una voz y una consciencia única y diferente en la polifonía del tiempo y el espacio que quedan representados en *Los Robledal*. Percepciones, interpretaciones y versiones: así está construido para cada personaje y para el lector el mundo en la novela.[6]

Cada voz narrativa constituye en *Los Robledal* una pieza del complicado rompecabezas que es la realidad; una realidad compuesta y representada lingüísticamente a través de la verdad y de la mentira, de reportajes objetivos y de opiniones matizadas por la emoción y el sentimiento.

---

6 "El sentido del mundo es nuestro discurso del mundo", Cesare Segre. *Principios de análisis de textos literarios*. María Pardo de Santillana, trad. Barcelona: Crítica, 1985.

Los Robledal: algunos rasgos formales del texto e imágenes poéticas

Alicia G.R. Aldaya
University of New Orleans

Los Robledal[1] es novela de compleja estructura, prosa proteica y mensaje profundo. Es novela polifónica y de muchas luces que imbrica mundos, seres y voces diferentes. Más allá de la fatalidad genético-hereditaria, que amenaza a la familia protagonista, indeseada presencia de la locura—sombra solapada o realidad acerba—lo esencial es el enfrentamiento entre las circunstancias personales y el libre albedrío.

El espacio geográfico es Cuba, concretamente, la provincia habanera; y la ubicación temporal, los fines del siglo pasado y las primeras décadas del XX: desde la Guerra de Independencia hasta el gobierno de Machado y el año crítico de 1933. Sin embargo, el hondo dramatismo que implica el no hallarle lógica al ser, al dolor inocente, ni a la vida, otorgan a la novela interés universal.

El léxico refleja hábilmente la época y el entorno en que han de realizarse o frustrarse la vida de *Los Robledal*, mientras en el envés de la novela pueden rastrearse las ideas, filosofía, y fe vigentes. En inquietantes disquisiciones pueden hallarse las influencias del positivismo de Comte o atisbos del utilitarismo de James o reparos a un cristianismo dogmáticamente superficial, sin descartar las ideas de la reencarnación, el nirvana y la fusión con lo absoluto.

---

[1] Hilda Perera, *Los Robledal* México Editorial Diana, 1987. Al citar de la novela se indicarán, en el texto, las páginas correspondientes.

Cada Robledal, cada personaje tiene retrato físico y semblanza psíquica propios e inconfundibles. Conviven en la novela varias generaciones y caracteres de diferentes procedencias étnicas, distintas clases sociales y diversas ocupaciones. La solidez psicológica de los personajes no presentan otras inconsistencias que las propias de la naturaleza humana.

La novelista recrea la arquitectura, las calles, comidas, vinos, medicinas y tradiciones, en bien logradas estampas costumbristas y revive sucesos, grandes o pequeños, de la época colonial y de las primeras décadas de la Cuba republicana. *Los Robledal* es novela para dialogar con el pasado, para sonreir cuando surge el humor pereriano como antídoto adecuado ante agobiantes situaciones extremas y para sentir y meditar sobre la soledad, el incomprensible azar, y la callada presencia de la muerte, reveladora póstuma del misterio sobre el Más Allá.

Eduardo Mallea afirma "un libro excelente nace del cálculo riguroso"[2] y *Los Robledal* es novela de premeditado diseño, cabalmente ejecutado. Consta de treinta y siete unidades cerradas, de desigual extensión, hábilmente engarzadas, en secuencias montadas con cesuras temporales y espaciales, pero construídas en torno a un significativo acontecer. Es decir, con técnica de contrapunto, cada unidad presenta un relato completo, y a su vez, enriquece las siguientes. Contrapunto que es, paradójicamente, rémora e impulsor de la trama.

Entre marcados contrastes—en sístole y diástole narrativos—que se alteran en momentos críticos de secuencia vertiginosa—fluye el tema, presente en los rasgos formales del texto. La novela proyecta una específica concepción del mundo, en un vasto conjunto de sucesos heterogéneos y cada unidad, es suceso revelador de una perspectiva vital.

Al tiempo no le han impuesto camisa de fuerza. Hay retrocesos temporales, aún hasta el pre-nacer, asociado a las tibias sensaciones del útero materno y al crítico trance de venir al mundo. Este se anuncia sorpresivamente: "Aún no es tiempo de contarte, tengo que nacer primero" (86).

Con mayor frecuencia e impacto, la narración se proyecta como imprevista saeta hacia un sorprendente acontecer futuro. La presencia de lo inesperado, de lo repentino, es característica que marca la estructura y la

---

[2] Eduardo Mallea, "Importancia del punto de vista en la vida y en las letras". *Teoría de la novela* (ed. Agnes y Germán Guillón), Taurus, 1974; p. 138.

prosa de *Los Robledal*. Astuta anticipación que es hábil y funcional estratagema.

Desarticulada la sucesión cronológica, los sucesos que el narrador anticipa sobrecogen al lector. Puede este desorden cronológico, reflejar desconcierto o poblar de inquietud un ambiente apacible. De esta manera: Apenas presentado el joven personaje María Francisca Robledal, estremecida por la muerte de la madre y la hermana, sacudida por el huracanado vendaval de la guerra y enfrentada a la responsabilidad indelegable de cuidar a padre y hermanos, el narrador adelanta que ella mantendrá su mando "hasta la muerte desapacible y esclerótica que la venció a los ochenta años" (8). Posteriormente, ya ubicado el apacible Anselmo Robledal en la casa de pensión elegida por María Francisca, el narrador omnisciente informa sucintamente con la fuerza de una demoledora catapulta: "Anselmo vio por primera vez a la mulata de ojos verdes que destrozó su vida" (75). Desconcertante prolepsis. El narrador insinúa o anticipa de manera escueta, sucesos futuros, que aprisionan la curiosidad del lector. Así, cuando todo parecía indicar que el crimen cometido por un legislador quedaría impune, se sabe, sin darle mayor relieve, que: "diez años después lo asesinó el Turquito" (114). Se conoce de antemano el juicio póstumo sobre Rosa Robledal, tan aparentemente insignificante, "vida sin flor", y a quien dedicarán una calle a su memoria dados sus méritos de ¡activa feminista!

El cambio de narradores ocurre sin confusión, a veces dentro de una misma unidad. Los ágiles cambios de relator conllevan diferentes perspectivas, puntos de vista disímiles que el lenguaje se encarga de evidenciar y subraya la plurivalencia de lo real.

Hay un narrador principal, omnisciente y versado psicólogo, que aporta a la novela sabias acotaciones. A veces, el narrador se une al personaje y al lector en un "nosotros" abarcador. Veamos; subrayo: "... con la última ternura que *nos* será permitida" (15), "un tuétanos de ayeres empieza a *sostenernos*" (202), "El tiempo conjurado contra ella se llevó la noche y alcanzó el día y el momento del último mirar con los ojos verdaderos al ser que *se nos va*" (191). "Antes de que la resignación o el tiempo—esos aliviadores—lleguen un día *nos* tropezamos con la conciencia de una muerte espiritual interior para la que nadie ofrece condolencia" (162).

Hilda Perera alterna la función referencial del narrador con la más emotiva y creíble del "yo". Primera persona que en viaje a los principios, en analepsis magistral, cuenta desde el útero materno la extraordinaria aventura de nacer, mediante descripción muy lograda de sensaciones, y regresa a un ayer en el cual todo suceso importante o anodino tiene el poder de reeditar sensaciones. Es decir, memoria sensorial proustiana. En el gozoso inventario de este "yo", las impresiones sensoriales, catalistas del recuerdo, están vivas, precisas, como si por ellas no hubiera transcurrido el tiempo. Los recuerdos mantienen sabores deleitantes, un vívido cromatismo, gratos sonidos e inconfundibles aromas. "La mañana a la que me lleva este pasadizo de olor es una mañana niña" (81). "Olor a colonia inglesa, a habanos, a menta." Más vigorosos y sensuales los recuerdos, cuando surge el tío Jorge ante la niña y la mujer que lo asocian a la sibarita alegría de vivir. Hay explicable distancia entre las evocaciones que la unen a su tío Jorge y al tío Anselmo, tan diferentes. De éste recuerda: "tenía un largo curriculum de bondades "y que tenía los ojos desoladamente tristes"; del primero, su inagotable alegría existencial.

Hay otra primera persona. José Gabriel. Es personaje de fuerte hálito vital. El narrador ommisciente expone su pensar y su hacer determinados por la arraigada vocación de bien. Es José Gabriel el buscador agónico de respuestas inaccessibles. Acosado por dudas ontológicas y metafísicas y herido "por el gene infame y andariego", asume brevemente el "yo" más íntimo, mientras se debate por hallar la razón de vivir y la sinrazón del dolor inocente. "Yo" atormentado—se pierde—o se salva—entre las nieblas de la locura.

Josefina, se vale del "tú" informal y apelativo. Es ella quien cuenta lo ocurrido durante un considerable salto temporal. En otra intervención, su humor contrasta con el dolor ante la muerte súbita de un ser querido, y en otra, su ligereza resta gravedad a suceso que pudo ser irreversible. Su interlocutor se desconoce, pero a él le informa y comenta sobre sucesos y personajes que conoce, o sencillamente imagina. Ningún Robledal escapa a su interpretación. Su decir está cargado de giros populares, refranes, y son sus juicios ocurrentes, ligeros, no exentos de humor. Para ella *Los Robledal* son "medio chifletas". Anselmo es un "bicho raro"; una persona taciturna tiene "cara de sucursal de funeraria" y Antonio "parece que se tragó un perchero". Por propia afirmación, ella "no será leída ni escribida", lo que no le impide emitir juicios categóricos. Esta narradora, desconocedora de academicismos, y salomón de experiencia popular, parece útil bisagra del relato y la versión moderna y jocosa del coro griego. El realismo que comunica este "tú"—es algo teatralizado. Los sustantivos comunes, los términos concretos y los refranes esclarecedores y explícitos abundan en el habla familiar de esta parlanchina cuentista, que desempeña cometido funcional en la estructuración de la novela.

Imágenes poéticas en *Los Robledal*

Octavio Paz recuerda la máxima de Novalis: "el hombre es imagen, y sabiamente añade". "Pero la (máxima) recíproca también es verdadera, la imagen encarna en el hombre".[3] Dámaso Alonso lo expone diáfanamente: la metáfora es esfuerzo por hacer concreto el pensamiento.[4] Es decir, precisarlo, mientras el escritor suscita la coparticipación del intelecto, la imaginación y los sentimientos del lector. Ortega y Gasset es más explícito aún: "la metáfora es un procedimiento intelectual por cuyo medio conseguimos aprehender lo que se halla más lejos de nuestra potencia conceptual."[5]

Consciente de sus diferencias, se denominarán imágenes poéticas, según la designación aristotélica, a símiles y metáforas, abundantes en el universo de *Los Robledal*. Mundo determinado, ilustrado en amplios murales creados por Hilda Perera con pincel de palabras, opulencias de venecianos colores, riqueza de matices, y florentina perfección de diseño. Hay en el mundo novelado: realidad ficticia de base real, la realidad de la fantasía, torrente de imágenes, profusión de originales símiles y sorprendentes metáforas. Mediante ellos, se denigra, ennoblece o precisa el objeto real; se asocia lo inmaterial a lo material, y se logra la objetivización; se aúnan lo real y lo irreal en lírico hacer, o se vigorizan elementos imaginarios plasmados mediante creador proceso intelectual. Hilda Perera se vale de imágenes para culminar la creación de sus personajes, para perfilar el costumbrismo de buena ley de *Los Robledal* y subrayar la ligereza del existir desde lo insubstancial o el dramatismo que siempre marca el vivir en profundidad. Símiles y metáforas iluminan el ámbito vital, vibrante de actividad o aplomado por la inercia, y destacan las frustraciones y logros de los personajes en esta novela de gran aliento. Preciso es Lezama Lima, al afirmar: "La imagen es la realidad del mundo invisible."

---

[3] Octavio Paz, *Las peras del olmo*. "El surrealismo". Universidad Nacional Autónomia de México, 1965; p. 167.

[4] Dámaso Alonso, *Ensayos sobre poesía española*, Buenos Aires. Revista de Occidente, 1946; p. 59.

[5] José Ortega y Gasset, *El espectador*, Madrid, Biblioteca Nueva, 1961; p. 548.

En la prosa de Hilda Perera los símiles y metáforas son joyas trabajadas por delicado y seguro orfebre. Dadas la profusión y diversidad de las imágenes, es difícil—y acaso inútil—clasificarlas. La metáfora, abreviada comparación, más audaz que el símil, tiene en la poesía su ámbito natural y propicio. Sin embargo, mucho enriquece la prosa pereriana, y su variedad subraya el polifacetismo que marca la novela. Algunas metáforas requieren el esfuerzo de un sutil análisis, las llamadas metáforas mitigadas; otras, son puras, ausente el elemento real. Así las explica Bousoño: "una simple atribución de cualidades o funciones reales a un objeto".[6]

Todas las imágenes en *Los Robledal* son la expresión verbal dotada de poderes representativos que señala Rafael Lapesa.[7]

Estas imágenes evidencian los anteriores juicios:

"... el olor a hogaza se levantaba como una aspiración de padrenuestro sobre aquel Vedado tan verde de álamos que parecía bendecir el atardecer, inmigrante de sombras" (57).

Al perfilar el carácter de Jorge Robledal, el hedonista guardián de la alegría existencial, surge esta ágil e inusitada metáfora:

"... el hilo de plata/ del amor a su madre/ fue su cordero-de-Dios que quita los pecados del mundo; al menos, para convertirlo en Fausto de purgatorio y no de infierno" (253).

Efectivo distanciamiento funcional entre significante y significado. Al recordar la narradora-sobrina al tío Jorge, se vale de este símil:

"Hace bien la gente en recordarte como champán de lujo que también ha de tener alta tasa quien proyecta primavera sobre los inviernos" (181).

Es válido apuntar que son más numerosos, aunque menos poéticos los símiles que establecen asociación con el reino animal. Es decir, la fauna coadyuva a caracterizar, y subrayar algún rasgo psíquico o físico de los

---

[6] Carlos Bousoño, *La poesía de Vicente Aleixandre*. Madrid, Gredos 1956; p. 135.

[7] Rafael Lapesa, *Introducción a los estudios literarios*. Salamanca, Ediciones Anaya, 1964; p. 44.

personajs: Generalmente, los símiles acentúan la fisonomía espiritual. De esta manera: Antonio Robledal, "hombre feo, lógico, soturno y programado "... *era lento como un paquidermo*: (59). Por prevenir, María Francisca en su casa "colocó a *mujeres deslucidas* y *ajetreadas como gallinas de Guinea*". Al observar a su hermano Anselmo ella pensaba: "*como el gato barcino: así de contento e imperturbable*" (p 73). La vecina Juana, negra, gorda y madraza, daría "*lo que le brotaba fácil como el canto al sinsonte*: Arrullos, mimos y refranes" (205). Subrayo las asociaciones con el reino animal.

Pancho Robledal en difícil trance acude a la piquera donde "Juan el bueno, gallego de muchos años y *más fiel que perro de ciego*" (231) lo lleva a entregar, íntegra, la fortuna del presidente, evitando tráfico y muchedumbre enloquecida por deseos de venganza.

Ante el inquietante dilema de Anselmo "¿cómo voy a trabajar y cuidarla?, se le presentó una idea, pero ésta" pasó "*como un ciervo fugitivo por su mente*" (264). En otros símiles dinámicos, la narradora explica: María "era incapaz de pensar en números sin que *el pensamiento brincara la cerca como potro libre*" (164). Frente al retrato de su mujer, pintado en época anterior a su matrimonio, y contemplar Panchito la imagen provocativa y feliz "*el pensamiento fue saltando como liebre acosada*" (232).

La claridad expresiva se acentúa en el hallazgo de la relación entre elementos verosímiles. Así: "Anselmo vivió con la depresión acechándolo *como loba hambrienta*" (245).

Lo emocional y subjetivo se concretan mediante un elemento real. "Te erguiste sacando hilos de fortaleza y mando para zurcirte la vida" (246). Los hilos de fortaleza de la metáfora están plenos de riqueza connotativa. Así: "Preguntaba con paternalismo de metrópoli a colonia" (120). Rosa revela su medrosa ansiedad en una importante entrevista con María Francisca, decididora de su incierto futuro. De sus reflexiones interiores, esta metáfora: "...y aunque este miedo tuyo esté aleteando *con su vuelo de cuervo negro* entre las dos, no lo digas" (280). En el retrato de Rosa, el narrador se detiene en sus manos pequeñas "... que al levantarlas parecían el vuelo de avecillas frágiles ...". Al completar la semblanza, afirma "en los ojos, había reflejos de un alma impoluta: "... como si no hubiera transgredido jamás ni uno solo de los pecados capitales" (277).

La niña narradora mirando (lo que era su manera de leer entonces) ve "los papalotes escalando el cielo como serpientes de colores". Símil dinámico, visual, cuya sonoridad se asocia también a la ondulación de líquido en movimiento. Los sonidos son indiscutidos elementos sensoriales.

Otras veces, es innegable la originalidad de la metáfora lograda por el epíteto, que subraya la asociación insólita: "los cocuyos eran estrellas súbitas". Hay elementos dispares en el siguiente símil, el bouganville "hacía estallar su floración roja como incendio sin mal". Efectiva connotación, roja-pasión-pecado que matiza, anula el "sin mal" inesperado (277). Otra metáfora sencilla: "enmurallada la vida más que Avila" (163), de válida precisión.

De la flora, estas novedosas imágenes: "El anón blanco con sus semillas como mínimos ojos de chinos", mientras el plátano "es sexo de algún Dios vegetal" (171).

Hay símiles y metáforas continuadas que intensifican matices significativos y multiplican el poder expresivo: La soledad ... "nos sigue como una sombra; nos traspasa como ventisca." "En la noche, patria suya se abre *como inmensas alas de murciélago, como bandera enarbolada, como lluvia múltiple*" (202). Es la animación de lo inanimado. En gradación ascendente y climax estremecedor, insiste: "La soledad nos deja las manos sobre las faldas *como palomas muertas*".

La sustancia resistente enclavada en una metáfora y en símiles, avanza creando infinitas conexiones, y luego, una imagen final que asegura la pervivencia de esa sensación.

"Siempre es palabra fijadora de status quo, fuente de derecho de gentes que ... establece un valladar como trinchera de guerra y coloca al enemigo en desventaja". (147)
Para insistir:
"Otro "siempre" feroz como bazuka se opuso a a su avance".
(148)
Otras metáforas persiguen el plasmar inefable impresión anímica:
"Al colocar su mano sobre mi cabeza y alzarla luego, me hizo sentir esa huella entre pureza e ingravidez que deja una garza blanca al levantar el vuelo". (278)

A veces se objetiviza una cualidad. Es decir, lo abstracto se limita en lo real y concreto. Así: "la bondad como traje hecho con poca tela" (187) y para ilustrar intensidad, este símil: "un odio duro como peñón de granito" (101).

Logra la narradora una vigorosa descripción de Julián Robledal, ya víctima de la locura, "se había convertido en un Greco de ojos luminosos y manos largas" (44), y a su amiga la recuerda: "de duros ojos azules, como mar congelado" (326).

En ciertas imágenes hay riqueza expresiva y máxima sencillez. Para Panchito, que estrenaba amor, María "era algo así como alhaja viva, flor o sueño" (67). Otras son menos fáciles, pero igualmente expresivas. El tío Jorge era "mago creador de recuerdos como bujías para alumbrar la soledad de solteronas castas" (180).

El hipérbaton y el ritmo moroso, la hábil selección de palabras cotidianas, apresan, como mariposa sujeta por alfileres, una reveladora imagen: "este pueblo cansón donde parecía agua estancada el tiempo" (170). Lo opuesto, cuando presenta al populacho, "muchedumbre enardecida que pierde sentido de responsabilidad, del que surgen voces de furia". Se empujan unas a otras, parecen olas de un mar enfurecido" (220).

La escritora no avanza por caminos trillados—*deja vu*. Así logra novedad y elegancia: "el cenevá vecino de la mesilla donde se abría en flor un búcaro de cristal fino" (9). Con exactitud definidora expone: "... los errores de la contabilidad de María se convirtieron en cilicio, como si un jurado mensual la declarase incompetente" (165), "La visita de los jóvenes eran préstamos de alegría cada viernes" (301). Un ligero pensar en el símil, entrega destacada cualidad moral del Robledal: "La suya era de esas honradeces como de hilo recién planchado" (237) y en otro, su sensual deleite de vivir: "Caminaba solo La Habana de noche, tanto que le parecía en el silencio, otra especie de amante poseída por él" (110).

La escritora sencillamente aclara: "le aplicaba preguntas como forceps" (293), y otros veces, adapta el ritmo de su prosa para adecuarlo al símil. "Hablaba lento. Parecía albañil alineando bloques para un cuidadoso muro que no pudiera hundir por ningún lado el viento o la locura" (248). Puede un elemento real aportar diferentes ideas. Así los poemas, dichos con dicción clara y emoción no bien reprimida, eran "como veleros que al fin llegan a puerto". Altera la escritora el ordenamiento de las palabras para aumentar la fuerza expresiva del pesaroso desvalimiento e insiste: "... y actuó como si fuera el instante doloroso en que barco y muelle pierden arrimo" (261).

Para ilustrar el doble y funcional recurso de oposición y semejanza en las imágenes pererianas, este símil que transcribe lo inusitado de una situación: "Mi padre venía por el pasillo con los ojos semicerrados y mi madre iba pastoreándole como si él fuera oveja y pastor ella" (224). Al ordenamiento tradicional que abre la oración, un sorpresivo y súbito giro sintáctico. Además, él, oveja; ella, pastor crea desconcertante e imprevista imagen.

En estudio detallado, hallaremos que lo reiterado por las imágenes para esclarecer un término de ellas, el referente de la analogía, se convierte en el gozne en torno al cual gira la expresión personal y contribuye a la unicidad de estilo. Fácilmente entonces podría afirmarse que la escritora pertenece a *lécole du regard*. No dice, nos muestra:
"los pensamentos ajenos y enemigos se cruzaron como espadillas de incomprensión". (35)
"... el Prado lleno de atardecer, laureles, gorriones y mendigos".
(233)

Conclusión: Hilda Perera sabe urdir tramas, y más aún, las narra con astucia de ágil juglar que usa viejos recursos de manera novedosa para sorprender al lector y asegurar su interés. Afirmaba Ortega y Gasset que el oro de que está hecha no consagra a una estatua y más aún: "La obra de arte vive más de su forma que de su material y debe la gracia esencial que de ella emana a su estructura, a su organismo".[8] En *Los Robledal*, además de una original y sabia armazón novelesca, el lenguaje es - sin excentricidades - recio e importante sostén de la obra.

Por la pluralidad de personajes, muy distintos entre sí, por su singular destino y la complejidad del universo concebido, es mimética la calidad del lenguaje y es cambiante el tono de la prosa. A veces la marca distante objetividad; otras, inesperadas olas de emoción la impregnan; o aspira, disciplinada y lógica, a la serenidad en el esfuerzo de hallar respuestas a elusivos porqués.

La prosa pereriana recoge gradaciones del sentimiento amoroso, desde la deslumbrante dulzura del primer amor, a los exaltados acentos de la pasión, o los desenfrenados excesos de la lujuria. Es de señalar la sensualidad y el fino erotismo que alcanzan sostenido aliento. Libre en *Los Robledal* de los tabús gazmoñamente impuestos a las novelistas, obligadas por miopes convencionalismos a soslayar aspectos propios del ser, Hilda Perera presenta con desenfado y buen gusto disímiles experiencias amorosas.

Las páginas donde queda plasmada la primera experiencia sexual de un jovencísimo Robledal están escritas con singular acierto. (60-64). Las dudas del joven inexperto, su decidir y posponer el momento crítico que

---

[8] José Ortega y Gasset, "Ideas sobre la novela" *Teoría de la novela* (Agnes y Germán Gullón), Taurus, 1974; p. 42.

pondría a prueba su masculinidad, su timidez y desconcierto y finalmente el pleno logro de su sexualidad constituye episodio humanamente válido. Lo complementa el estudio de la comprensiva "maestra", quien con experiencia y generosidad, con tacto, sin prisas, guía al joven a la culminación feliz de este primer encuentro vital. Si no es nuevo en el arte, ni en la vida, la presencia de una prostituta buena, ésta, en *Los Robledal* adquiere rango diferenciador, propio, universal y criollamente cubano. Es de notar que hay multitud de elementos que contribuyen al valor de estas páginas. La escritora describe detalladamente, la muy peculiar casa donde conviven, el interés inherente a esta antigua profesión, ejercida por la protagonista con reglamento muy personal, y una bondadosa comprensión hacia los neófitos que ella inicia en una liturgia pagana.

Cuando ocurre el cambio de narrador, a un "yo" de pocos años, es apropiadamente candorosa la inflexión de la prosa. No sólo el "yo", "me", "mí" de los niños, también la repetición de vocablos, más la reiteración característica de la conjunción "y"—hilo imprescindible en sus relatos:
—"¡Dios Santo!—dijo mi madre que tenía la casa triste y el sombrero alegre" (274).

"Estos los trae porque a mi madre le gusta mucho la almendra y porque llega tarde, y además para quitarle el malhumor que produce en ella el hambre del atardecer, cuando debía terminar el día y no termina porque no ha llegado mi tío y a María Francisca, mi abuela, le incomoda se sirva sin él". (85)

"Es mi tío Emanuel, que tiene el pelo negro como puntade lápiz y los ojos negros". (216)

Si acosa la soledad, el tono participa del frío vacío que amenaza e intimida:

Ella sintió hasta en los huesos, un desamparo enorme suma de desamparos anteriores. Quiso buscar refugio, sentir alguna tibieza protectora, algún sitio acogedor que le sirviera de cobija física y espiritual.
...Allí se acurrucó, sentada en el piso, amparadapor madera y cal contra esta muerte que le iba ascendiendo pecho arriba. Y entonces, desvalida, desoladamente, comprendió la insalvable soledad humana, la muerte de la ilusión, lo irreversible del tiempo y de la vida... (168)

Cuando decide libremente el albedrío, la prosa afirma seguridad y firme determinación:

No iba a ceder mi vida a parecer ajeno. Iba a ser libre, ¡oyeron bien? Iba a probarlo todo, a estudiarlo todo, a asombrarme o asustarme de todo. Que no me frenaran con consejos, ni cercaran mi pista con el alambre de púas de su experiencia. Mi vida va a trazar lumbre, no sé si de amor o de deber cumplido

....

...que un día cuando llegue la muerte, me encuentre lumbre en mano, todavía cumpliendo y que si no entiendo, aún entonces, parezca que sí he entendido. (305)

Esa adecuación camaleónica de la prosa es obvia en el informe periodístico, sucinta redacción desmañada sobre el crimen de un conocido político (127). También hay elementos aliterarios en la expresión del "tú" narradora, intérprete, testigo o parte. La intencionalidad es reflejar y otorgarle validez al lenguaje de raíces populares.

"¡Ay, chica, mira a Candita: ¡Ay, por tu madre, si está toda desculillada! Oye, los años no perdonan. Mírala, ¡si cuando camina parece un barquillo! Chica, ¿por qué será que las mujeres de viejas nos ponemos patiflacas? (192)

....

yo no sé que maña tengo, de meterme en camisa de once varas. ¡Tengo una suerte para la desgracia! No hay una vez que vea un huequito por donde meterme, que no me coja la confronta. (264)

La prosa, en la reacción terrible del populacho, perdido el sentido individual de responsabilidad por lo colectivo encubridor, es rápida, idónea para el relato de acciones violentas e irracionales. La venganza ejecuta sin piedad movida por el odio enloquecedor.

Muy marcada es la variedad de ritmos en la prosa pereriana. A veces es impetuosa, remeda galope o trote de animal brioso, o caída de agua rumorosa y sin remanso. Este es ejemplo aclarador: "...la tierra amanecida olía a romerillo y a albahaca, a yerba sobre la que trota un caballo criollo que jinetea una magnífica promesa de hombre" (43). Pintura verbal que exhibe movimiento y atmósfera. Y en lo que Karl Duhler llamó el pintar con la ayuda de sonidos: "el clamor de un griterío galopante quebró el silencio" (14). "Un retumbar de cascos y voces y una llamarada roja y humeante que devoraba los cañaverales llenaron el aire de olor a guerra. Horizonte arriba ascendían gruesas nubes de incendio" (14).

La prosa de *Los Robledal* es proteica. Se detiene creando morosamente un tiempo lentísimo otorgador de rango a detalles cotidianos tratados minuciosamente como si se regodeara en la lentitud impuesta por un filtro exigente, detalles para ser degustados en momentos de calma y reflexión. Morosidad que acentúa la potencia sensorial de sus descripciones. Junto a la prosa a veces azorinesca (estilo de frases cortas, desnudas y escuetas y palabras precisas), hay períodos largos, plurimembres, prosa exuberante en su riqueza léxica, prosa dominadora de la profusión de subordinadas. Las hallamos en una pormenorizada descripción (cómo se diluyen gotas de yodo en el agua) o en un fino lirismo que recoge matices de un sentir, o se enfrenta a trascendentales porqués filosóficos.

Así, este definidor ejemplo que suscita, como tantas veces en Proust, una lenta y detallada imagen:

Después, preparó una palangana, la de agua único líquido en el que confiaba-y sacó el pequeño frasco de yodo con la calavera y las tibias cruzadas en prevención de veneno, lo acercó a sus ojos para cerciorarse y al fin, con sumo cuidado, dejó caer las cinco gotas exactas de la desinfección. Caían marrón oscuro, redondas, y al tocar el agua las observaba cuidadosamente— comenzaban a abrirse perezosas, a emerger en finísimas patas móviles que iban diluyéndose doradas hasta perderse absorbidas por el sin color del agua, hasta no dejar más que aquel aroma ascéptico que le apaciguaba la angustia. (227)

Son trascendentales, en el intento de dilucidar incógnitas del alma humana, estas interrogantes:

¡Hasta qué profundidad cala en cada individuo la atadura de una lealtad? ¿En qué punto y en qué medida se enemistan la lealtad y la justicia? ¿Quién fija el número ni la hondura de sacrificios de que es capaz un ser humano en nombre de la amistad? ¿Quién puede predecir, quién puede en verdad anticipar cuál será su reacción de hecho o de palabra ante una situación excepcional, intempestiva, en que se anuden o luchen el instinto de conservación, el libre albedrío y la lealtad a un ser querido? (pp. 131-132)

A veces la prosa de contenido lirismo, ilumina y esparce vitalidad y belleza al ámbito. Un especial recuerdo cobra intensa vida.

Y cada vals oído: en Viena, donde las dos parejas iban rodeando con sus vueltas ágiles la pista de baile, o en barco, cruzando el estrecho de los Dardanelos, donde Espronceda veía "Asia a u lado, al otro Europa y allá a mi frente, Instanbul" mientras los violines deslizaban un vals hacia la altura plata del atardecer; o en Baviera, donde mi ventana era un cuadro de lago y montañas; siempre, a medio mundo de distancia y de vida, nace en mí mi padre y el minuto es como una capilla aérea, imperceptible a todos, donde cabemos yo y su recuerdo y ambos se convierten en lágrima sola que cruza mi rostro, y llegada a mis labios es apenas gusto de sal. (pp. 92-93)

Sin lugar a dudas, la dúctil prosa pereriana es como el oro de altos kilates, dúctil forjador de muy variados diseños.

Hilda Perera y la soledad de sus Unicornios

Héctor Canonge
City College, CUNY

Este ensayo enfocará la existencia de la conciencia femenina inmigrante, sus orígenes, evolución, lucha y cambios así como la influencia que ésta ejerce sobre la posición de la mujer hispana en los Estados Unidos. Las dos obras utilizadas para este objetivo son *La jaula del unicornio* y *La noche de Ina* de la escritora cubana Hilda Perera. Ambas novelas nos presentan una visión muy fresca de la realidad de la mujer: vieja, adulta, y joven que trata de definirse a sí misma, en un nivel personal y dentro de la sociedad a la que pertenecen, en un sentido colectivo.

Estas dos novelas de Hilda Perera son una revelación porque nos muestran la otra cara de la experiencia migratoria en la cual sus protagonistas, todas mujeres, viven la experiencia del exilio, ya sea impuesto por factores de historia o voluntarios, por necesidad o conveniencia. Sea cual fuese el motivo y estado social de las inmigrantes, al situarse temporal y espacialmente en cada obra, muestran el acondicionamiento y la adaptación en un mundo nuevo y completamente hostil. La soledad parece rondar, acosar a las protagonistas quienes, en la lucha por encontrar sus "Yos", el propio Ser, soportan la presencia del "Otro" que las objetiviza poniéndolas en una situación de dependencia mutua la cual es utilizada muy inteligentemente para alcanzar metas o para mantener una posición de control jerárquica, de matriarca y súbditos, de amo y sirviente.

La narrativa pereriana fluctúa entre introspección, monólogos interiores, y narraciones en primera persona, como si al hacerlo los personajes estuvieran siempre en constante lucha con lo que dicen y lo que realmente sienten; representando, de este modo, el dilema interior del forastero, el ser y no ser, el transformarse o seguir siendo el mismo sujeto. Este ensayo será elaborado con la aplicación de las visiones hegelianas y del existencialismo de Sartre, pero sobre todo con la experiencia misma obtenida de la narrativa femenina de Perera.

Son recientes las oleadas de mujeres sud y centro-americanas que, como inmigrantes ilegales, entran a los Estados Unidos para mejorar la posición económica de sus familias nucleares o extendidas que dejan atrás en sus países de origen. Las mujeres ya no esperan pasivamente que esposos, novios, hermanos y otros hombres de sus familias, después de trasladarse al país del norte, les envíen un poco de dinero, de esos "golden dollars", que les ayudarán en su vida diaria. Al contrario, en los últimos años, son mujeres las que han tomado las riendas del corcel migratorio ilegal que las conducirá hasta el coloso del norte si es que tienen las fuerzas, la suerte y las agallas necesarias para sobrepasar un sin número de obstáculos y peligros antes de llegar a su destino.

Si bien *La jaula del unicornio* comienza con la llegada de María, hija de Mercedes, a los Estados Unidos, más propiamente a Miami, la verdadera odisea migratoria de la novela tiene sus orígenes en el viaje de Mercedes quien llega a ser "La mojada" (76)[1], como Perera la califica haciendo un paralelismo con mojados[2], por haber dejado su país de origen y haber venido a buscar un mejor porvenir para ella y su hija en la "tierra de la oportunidad" (land of opportunity). Perera muestra esta nueva realidad, el desplazamiento femenino de frontera a frontera a través de Mercedes. Esta mujer pereriana se re-adjudica[3] de un nuevo "role", el papel de la conquista, de la participación corporal, sicológica, espiritual que motiva a dejar la pasividad por detrás para ser reconocida como un ser activo en la historia. De esta manera, la mujer rechaza la estructura falocéntrica que como perenne sujeto, "the Other takes away [their] freedom. As subject ..." (Hatcher 49).

---

[1] De ahora en adelante las citas de *La jaula del unicornio* serán anotadas numéricamente mientras que las obtenidas de *La noche de Ina* serán distinguidas por las siglas NDI.

[2] Mojados, término utilizado para señalar a los hombres que cruzan la frontera mexicana ilegalmente.

[3] Readjudica en el sentido de que si bien la mujer ha sido ignorada en el proceso histórico de la civilización patriarcal donde, como Rosalind Miles nota "Women were victimized by patriarchal laws" (77), la concientización de sus contribuciones no se pueden seguir ignorando.

Como se mencionó anteriormente, las mujeres muchas veces sobrepasan a los hombres en número de viajeros. Esto nos lo señala Mercedes en su relato:

Eramos veinticinco, más mujeres que hombres. Quizás porque somos más valientes o porque, si el hombre es el único que gana sueldo, la familia se queda en la miseria y prefieren mandar a sus mujeres primero (76).

El hecho de "mandar a sus mujeres primero" no significa necesariamente que todas obedezcan a una voz masculina que las obliga a dejar la famila. ¡No!, en su mayoría son ellas mismas las que deciden hacerlo: "to act is to modify the shape of the world" escribe Sartre (Cumming 242). Es así que esta nueva casta de mujeres, motivadas, como Mercedes, por muchas razones y circunstancias, rompen con la filosofía hegeliana que, siguiendo el "orden natural" para explicar la posición de la mujer dentro de la sociedad patriarcal, se desploma porque la mujer ya no tiene que tener su "substantive destiny in the family" (Hatcher 11). Al contrario, la esencia de su destino se transporta físicamente fuera de ésta.

La experiencia misma del viaje desde Honduras deja claramente en Mercedes una huella traumática, un "Erlebnisse" que determina su vivencia y su existencia. Como Sartre dice, su "existence comes before [her] essence" (Hatcher 23) lo cual la confronta con una realidad completamente distinta y llena de obstáculos. Como un unicornio enjaulado; las barras de esa "jaula dorada", de esa "jaula falsa" por ella elegida[4], la encarcelan y la disminuyen pero no la objetivizan por completo porque para ella hay la posibilidad de un futuro, aún existe María, la razón de su lucha, su única esperanza, "ella va a ser [su] venganza" (73) contra todo ese mundo hostil que la aprisiona.

Mercedes es esa mujer "liberada", en el sentido que Cheri Register considera "no depend[iente] de los hombres" (Moi 59). Ella no es poca cosa porque ha hecho bastante para sí misma y para su familia. Simone de Beauvoir señala que si "a woman does little, then she is little" (Hatcher 36). Entonces Mercedes es mucho porque ella ha hecho mucho; todo lo que ha

---

[4] Me refiero al lugar que la ha transformado en prisionera voluntaria, su nuevo hogar, los Estados Unidos.

estado en sus posibilidades para seguir adelante a través de su trabajo [5]. Por lo tanto, en el sentido de Beauvoir, conoce mejor de sí misma y de sus capacidades como persona. Su espíritu luchador y fuerte le impiden verbalizar su agradecimiento: "y pienso pero no lo digo" (6), confiesa ella admitiendo que la abuela Esté ha hecho mucho por ella pero como un intercambio por la labor que ella desempeña en su casa con la abuela Lila: "[wo]man is for [her]self and for others" (Cumming 415), explica la noción de Sartre sobre este intercambio de intereses o como se diría coloquialmente; "favor con favor se ha pagado."

Hilda Perera hace que el personaje de Mercedes sea el más fuerte de todos ya que la presenta como una mujer capaz de todo para llegar a dar a su hija lo que ella nunca tuvo. Su amor es un amor maternal sin mimos, sin palabras dulces ni caricias sino el de acciones y verdaderos sacrificios que hacen que esta mujer, contrariamente a lo que Marcia Welles dice sobre el valor femenino, sea de caracter "intrínsico, no extrínsico" (Miller 287). Por valor (value), en este sentido, Sartre explica:

Value is the self insofar as the self haunts the heart of the for-itself[6] as that for which the for-itself is. The supreme value toward which consciousness at every instant transcends itself by its very being is the absolute being of the self with its characteristics of identity, of purity, of permanence, etc., and as its own foundation (Cumming 176).

María no es otra "mojada" más porque entra al país con una "visa" otorgada gracias a la hábil manipulación de Esté quien se hace responsable por la pequeña visitante. "Acabo de firmar la mentira que más se acerca a la verdad: que Alejandro Magno Pérez, amigo mío de años, envía a su hijita María a mi custodia durante las vacaciones, para hacer estudios en Estados Unidos", relata Esté (11), sobre el suceso en las oficinas de inmigración. María, que no conoce a su madre más que en fotografías, siente miedo al pensar que no la reconocería, que se podría perder con toda esa gente confundida entre los anuncios de colores. La reunión con ese ser extraño, madre, no la emociona, al contrario, ella confiesa que "a quien quier[e] es

---

[5] Hutcher dice: "It is through labor that humans come to understand who they are" (37). Es así que a Mercedes sólo la limitan las poderosas barras de su ilegalidad.

[6] Con relación al "for-itself" cuando Sartre divide al mundo en dos categorías, "the 'in-itself' and the 'for-itself' (things and consciousness), discute que "consciousness cannot be a mere thing because consciousness is always conscious of things" (Hatcher 173).

a abuela Meche" (5). La precoz madurez de la niña es tal que tarda en responder a los afectos maternales, en cambio se pregunta cómo puede su madre reconocerla sin conocerla; "¿Usted? Usted no me conoce", "¿Cómo va a conocerme, si llegué ayer?" (16). Perera presenta la relación de madre-hija queriendo que el lector tenga por sobre-entendido la intensidad de la fuerza materna. No hay mimos ni cariños porque Mercedes está siempre ocupada con su trabajo, que de acuerdo con de Beauvoir la hace una mejor madre: "working mothers who are self-sufficient make better mothers" (Hatcher 205). Su papel en la casa es tan importante que casi nada o poco tiempo tiene para su hija, pero esos pocos momentos de soledad con ella son los que más la acercan[7] a María, quien dice que "para ella [Mercedes] la noche es la casita nuestra, el único tiempo en que podemos estar juntas" (26).

La llegada de María, hija de la joven hondureña, sirve para concienti-zar la existencia de las tres generaciones de mujeres que viven bajo un mismo techo en diferentes planos sociales, económicos y sicológicos. Por ejemplo, la abuela Lila, madre de Esté, deja correr su imaginación, que con su avanzada edad no es otra cosa sino el producto de su senilidad, convirtiendo a María en cómplice de unos juegos que muchas veces alejan a la anciana de toda realidad ambiental y espacial que la rodea. María también se convierte en una preciosa porción de arcilla para la abuela Esté quien tratará de convertirla en un objeto precioso, moldearla en una fina vasija, que la enorgullezca y haga sentir útil al mostrarla bien arregla-da—como un triunfo de su decoración—, como poner flores en un florero de barro hecho en casa; flores que no son otra cosa que sus valores, sus ideas, sus expectaciones que permanecerán en las limpias aguas de la mente de la niña: "¡yo que quería hacer de ella mi última carta de triunfo! ¡yo que quería usarla como talismán para despojarme de todos mis remordimien-tos!" (34), confiesa Esté [8]. Finalmente, para su madre María lo es todo.

---

[7]El acercamiento constituye el momento más feliz e intenso para madre e hija: "she who acquires in effort and struggle a sense of true human values will be best able to bring them [children] up properly" (Hatcher 116).

[8]En realidad sólo quiere a María para los momentos de su soledad y no como a una verdadera persona: [s]imply because a woman might suffer from the neurosis of a stultified childhood or empty marriage or loneliness is not a sufficient reason for desiring children" (Hatcher 119).

Mercedes trabaja para que a su hija no le falta nada, para que tenga todo nuevo, para que no sufra como ella de pequeña: "Si no me sacrifico, no la saco de pobre," (62) comenta Mercedes a Esté sobre lo mucho que hace por su hija. María, por el contrario, no siente lo mismo por Mercedes y compara su relación con la abuela Esté a la de su madre:

Por eso, no es que yo quiera menos a mi madre y más a la abuela Esté. Lo que pasa es que abuela Esté es más divertida conmigo y me hace cuentos o juega al teatro o al ballet conmigo. Yo como en la mesa de la cocina con mi madre, pero como ella se está levantando para servir o tiene que darle la comida a abuela Lila si está temblando mucho, nunca puedo terminarle ningún cuento (26-27).

La usurpación maternal que Esté practica tampoco se llega a realizar porque, pese a todas las maravillas que ella representa para María, la fuerza maternal de Mercedes sobrepasa cualquier tentación material o intelectual: "la mona con su monita" (26), como las describe Esté, siempre permanecen juntas en una relación que según Irigaray es de "specular entrapment" (Jacobus 280). Con su llegada, María no sólo cataliza la ebullición de sentimientos y deseos sino también cambia el balance establecido de la relación entre amo(a) y sirviente, entre empleador(a) y empleada. La autonomía femenina, libre de toda voz masculina, que Perera como escritora presenta, trata de hacer una denuncia de la realidad de la mujer hispana. No logra alcanzar una posición feminista en su totalidad puesto que el solo hecho de emplear a una mujer para los servicios de otra, contradice la liberación de la persona como sujeto, en su búsqueda por la razón de su existencia, de cualquier tipo de opresión ya sea patrilineal o matriarcal. Como Rosario Castellanos expuso: "when the last maid disappears, the cushion on which our conformity now rests, then our first furious rebel will appear" (Castillo 12). Será entonces que el nacimiento de una conciencia femenina propia de Latinoamérica emerja y no sea una pálida copia de occidente, incapaz de pensar por sí misma o de crear nada nuevo[9].

Los antagonismos, las rivalidades y rebeldías se clarifican solidificándose al enfrentarse dos mujeres igualmente fuertes de psique. A Mercedes se le "sube el indio Tutuma" (6) cada vez que su posición de madre, de mujer y de independencia son cuestionados: "nadie tenía derecho a

---

[9] Mi traducción de la conclusión que Debra Castillo hace siguiendo el pensamiento de Octavio Paz (4).

mandarme qué hacer con ella; y menos, a quitarme mi autoridad de madre" (76), mientras que a Esté le vienen ataques de colitis cuando su autoridad y posición no son acatadas: "¡Que no se diga! ¿Cómo voy a tolerar que alguien ajeno se imponga así en mi casa? No faltaría más" (91). La típica actitud, de Señora y sirvienta, transplantada de los países latinos a los Estados Unidos por esa burguesía quasi-monárquica no sólo devalúa el potencial de la que sirve, al mismo tiempo que se elogia por dicha acción, sino también crea un estado de dependencia. Steele dice al respecto: "The mistress rationalizes that she is doing her servant a favor by giving her work, that in so doing she is protecting and sponsoring the less fortunate" (Castillo 12-13). Pero en realidad la que se hace un favor a sí misma es la Señora (mistress), por prescindir de los servicios de la otra creando una "unhealthy relationship of dependence...deploy[ing] the rhetoric of feminism" (Castillo 13). Esta actitud se ve claramente en la novela cuando durante un altercado para la llegada de María Esté se dirige a Mercedes:

-Ah no, ¡irte no, Mercedes!—pienso, pero no se lo digo para que no se crea indispensable. Más bien, le hago ver las ventajas de este puesto único que tiene en mi casa.

De pronto se suman en mí el interés y la misericordia. Ahora es el interés de no quedarme sola con mi madre y sus desmayos y sus píldoras, pero también siento lástima. [S]iempre, desde niña, he sentido lástima casi como un dolor en el pecho y soy buena más por aliviármelo que por ser buena (10).

La escritora Estela Marcos, viuda, dueña de casa, señora de sociedad, ama o empleadora de Mercedes, reina en su hogar, "ya que todo ocurre en el país de [su] casa" (58), actúa como un jefe de estado. Su bondad y sus buenas acciones son calculadas en una balanza donde el dar y el recibir tienen que tener un mismo peso. Abuela Esté, como la llaman sus siete nietos y también María, es la antítesis de Mercedes. Ella es "no sólo legal sino ciudadana" (32); una mujer, que al igual que Ina en *La noche de Ina*, es producto del exilio involuntario resultado de los hechos históricos[10] de un país. A diferencia de Mercedes cuyo exilio voluntario la ha disminuido

---

[10]Los acontecimientos históricos que cambian no sólo el futuro de naciones, sino el de sus habitantes quienes, como personas, llevan siempre los recuerdos de los aconteceres políticos, sociales y económicos que son proyectados en cualquier proceso creativo: "it becomes evident that many women [and men] writers explain their vocation, sometimes also their political and social consciousness, and often their sense of a connectedness between personal experience and historical realities" (Miller 17).

convirtiéndola en una "illegal alien, an outsider", abuela Esté e Ina son parte de otra realidad, la burguesía hispana tan lejos de la clase trabajadora inmigrante de Latinoamérica.

La posición social así como la legalidad son base de la seguridad que otorga, como Egla Morales Blouin dice: "El arquetipo de la Gran Madre [que] abarca lo positivo y lo negativo" (Fernández 32). En este sentido, la benevolencia y mezquindad de la "mater ejemplaris" de Perera (NDI 11) son atributos humanos que cada sujeto posee no siempre con el propósito de objetivizar a los que le rodean (Otros); sino, quizás, para alcanzar un control de las emociones de uno mismo y conocerse mejor; "[one] need[s] the Other in order to realize fully all the structures of [one's] being" indica Sartre (Cumming 190).

Abuela Esté es el segundo unicornio de la novela, un unicornio que pese a tenerlo todo se siente enclaustrado detrás de los barrotes de la responsabilidad. "Un día me levanto harta de cuentas, ruidos, enfermedades, envidias, e ingratitudes y ¡zas! me convierto otra vez en unicornio y huyo" (28), es el deseo de esta mujer que "casi lo tiene todo". Su encierro le brinda soledad, temores y fantasmas que, a pesar de acosarla, la acercan más a su propio ser, le proveen con un mejor entendimiento de su posición como mujer independiente y fuera de todo yugo y control masculino:

Y nadie, nadie me va a impedir alzarme, estudiar, opinar **sin amarres,**[11] mandar en lo mío, pensar por mi cuenta. Hablar con Pedro de versos, con Agustín de arte, con Antonio de política, reunirme cuando quiera con quien quiera. Hacer, sola, lo que me venga en ganas (89).

De esa manera la escritora sacrifica el deseo de no quedar sola por la libertad que el serlo trae consigo. La presencia de un hombre es rechazada en esta colmena donde sólo hay lugar para una abeja reina que representa la "realización plena de la mujer sin el hombre" (Gascon 78). El "mito de la gran madre" que, según la explicación de Erich Neuman lo es todo, vida y luz contenidas en un mismo ser, "the good mother of all life", con su función fijativa, es peligroso puesto que no deja de ser a todo aquello que quiere llegar a ser independiente y libre (Fernández 33).

Ina puede ser considerada como la extensión de Esté. Los dos personajes, pese a provenir de diferentes fuentes, llevan consigo la voz

---

[11]He subrayado para enfatizar más el hecho de que es una mujer independiente, como ella lo quiere demostrar.

pereriana que trata de explicar la naturaleza de la mujer madura, ya vieja pero que sigue evolucionando en su lucha por sintetizar su *raison d'être*. La similitud que se extiende de una novela a otra es el discurso de la escritora que conciente o inconcientemente ha producido una linearidad narrativa, al concentrarse en la naturaleza existencial de las dos mujeres; respecto a esta existencia Hegel escribe:

> The phrase 'Existence' (derived from *existere*) suggests the fact of having proceeded from the ground, and been reinstated by annulling its intermediation. The Essence, as Being set side and absorbed, originally came before us as shining or showing in self, and the categories of this reflection are identity, difference and ground (Loewenberg 155).

Ina es el desdoblamiento de una Esté que ha sido reducida a la a-sexualidad y a-sensualidad; al ocaso de la mujer que, por los años, deja de ser el Objeto sexual deseado. Esté nunca hace referencia de su "marchita pero latente sensualidad", si no fuera por Mercedes que relata:

> La señora Esté se ha puesto demacrada. Pero alguna ilusión la mantiene viva. Un día va al hospital toda vestida de azul celeste: traje de hilo, zapatos, cartera: todo de azul. Y como decía mi madre, `quien de azul se viste, todavía resiste.' Cuando los hombres la miran, se yergue, y es como si le inyectaran algún suero mágico. Claro, por dentro no sé cómo se sentirá (37),

El lector nunca se percataría del volcán interior que todavía fluye en su interior. Ina, en cambio, aunque sólo reflexiona consigo misma, se opone a ser sexualmente marginada:

> Ustedes, idiotas, creen que toda ilusión y las aventuras y las pasiones las tienen en monopolio. Que a los cuarenta el bullicio interior cesa, que a los sesenta se congela la sangre, nadie sueña, no hay sexo, ni la ternura del sexo, y todos miran hacia atrás, como la mujer de Lot (NDI 73).

Su sensualidad prevalece, "[m]ujer sensual, Ina halla natural placer en la cercanía amorosa del hombre y logra vibrantes connotaciones eróticas" (Aldaya 25), pese a que los otros convidados tratan de aniquilarla.

Si bien la abuela Esté tiene muchos amigos, la novela tímidamente da a entender que ella siente algo más por el joven poeta que la visita constantemente. Ina, por el contrario, confiesa su sentir por ese otro hombre, también joven: "No les hablé de ti, Héctor. Nunca hablo de ti si no es conmigo misma " (NDI 63). Su relación con el "Otro", el hombre, es secundaria. Pese a que, como Gascón indaga, "[e]n su situación de mujeres solas poco a poco se vuelven autónomas y descubren una independencia que las enriquece y les potencia, pero, de forma paradójica y compulsiva, la necesidad sensual/sexual de su propio cuerpo femenino, les lleva a querer anular su autonomía para doblegarla a la compañía imperfecta y destructiva del hombre" (77), ninguna de las dos llega a depender de "Otro" ser que determine sus acciones y pensamientos. El amante, a estas alturas de su vida, no es imprescindible para su desenvolvimiento en una sociedad que, sino por ser mujeres, ahora, por ser viejas, las oprime.

El contacto físico que ambas experimentan; "una mano tuya sobre la mía, sostener yo tu cabeza contra mi pecho" (NDI 63), y "estaba sentada en su butaca; él, en el suelo. Ella le tenía abrazada la cabeza besándole toda la frente" (64), está eclipsado por la sensación de sentirse renumeradas emocionalmente. "There is more to erotic pleasure than mere physical stimulation" nos dice Hatcher (229).

Es bastante curioso que ambos galanes tengan casi los mismos rasgos característicos: "tus grandes ojos azules y tu pelo negro, veinte y tres años más joven que yo" relata Ina (63) y "Es delgado, color de cera, con unos ojos verde gris tristes y un pelo tan negro, que lo hace más pálido" (62) es la descripción del joven poeta, "amigo", de Esté.

Ina, como mujer, "se convierte en símbolo de muchas" expone Aldaya (23) sobre la creación de una novela femenina contemporánea que tipifique a la mujer del exilio. El problema reside en que la protagonista sólo representa a un segmento de la sociedad, a la mujer educada, de buenos recursos, entre los cincuenta y sesenta años, con un cierto grado de conciencia emancipatoria y liberada matrimonialmente por la muerte del compañero. ¿Qué se puede decir de Mercedes, de Irene, nuera de Ina, o del futuro de María en un mundo donde la belleza, la juventud, la disponibilidad, y la legalidad son los factores más importantes?

Ina, debido a la invitación de su nuera, deja el pequeño reino del hogar existente en el mundo de Esté para encontrarse en otro ajeno. La casa de su hijo es el gran escenario de su debut como "novedad viviente" o "atracción anticuada", de personaje "antic" (NDI12), como se denomina ella irónicamente. Mientras todos los invitados se empeñan en desmantelar la integridad de esta mujer para intentar re-construirla en base de sus experiencias relatadas, ella crea escudos que la protegen, máscaras, que como caparazones, las utiliza para despistar a sus acosantes, para ocultar el verdadero rostro de su espíritu que es todo lo contrario de lo que los demás creen:

De tanto estar conmigo y viajarme en todas direcciones, me pierdo entre las sucesivas personas que he sido y acabo no encontrándome y sin escoger aún a la mujer definitiva que llevaré a la muerte. Todo esto resulta muy complicado; para entenderlo hay que haberse zambullido mucho en el propio ser y haber tenido lo menos sesenta años de práctica en el deporte (NDI 12).

Su posición con respecto al movimiento femenino es claro. Si bien ella está de acuerdo con los beneficios de poder votar, escribir, participación laboral y otros logros feministas, Ina condena un movimiento radical, "[s]e opon[e] al Hiperfemenismo" (NDI 85) porque esclaviza incluso más a las mujeres quienes, por considerarse totalmente liberadas sexualmente, se convierten en "prostitutas sin pago" (NDI 86).

La existencia de un elemento común, la soledad, en el mundo de todos los personajes analizados, es la llave para entrar en la narrativa de la autora cubana. La soledad es un fantasma que constantemente acecha a estas mujeres que, liberadas o no, viven con la constante incertidumbre de no tener a alguien o quedarse con nadie. Pese a todas las maravillas que Esté ofrece, cuando quiere, y al amor abnegado de su madre María admite estar sola:

abuela Lila tiene su soledad y yo la mía. Y las dos son grandes. Yo extraño a abuela Meche y a Honduras y a mis tíos y mis primos. Ella extraña a su esposo y a su madre y a José Antonio, que es lo que más quiere en este mundo (45).

María es el más joven de los unicornios, enjaulada sin saber porqué, es una víctima de decisiones tomadas por la gente mayor, su madre y su abuela. Su soledad es producto de la melancolía que le produce la separación de sus seres queridos. Ella también está encarcelada en una celda de oro construida por su propia madre quien, por cierto, no lo hace con malas intenciones sino, según ella, para "que viva muy por encima de [sus] posibilidades" (61).

La abuela Lila es, al contrario de María, el unicornio más viejo también presa por la soledad de los años. Lila es un ser que vive en un mundo aparte y hacia el cual trata de escapar, de romper las barras de su jaula terrena y dejar que su imaginación, presente en su chochera, la lleve junto a sus seres amados. El lazo de realidad que la sujeta y mantiene cuerda es su hija Esté quien siempre está tirando del cordón para que no la deje sola y siga siendo, como Mercedes relata, "[l]a fuerza, la resistencia de esta casa parece estar, sobre todo, en esta viejecilla que tiembla como una hoja por el mal de Parkinson" (37). La soledad es recurrente en el personaje de la abuela Esté. El miedo se convierte en paranoia desde la primera vez que ella dice, "estoy sola" (9) y nos lo recuerda constantemente como pidiendo a gritos que uno no se olvide de ella. Pero, en realidad, ella no lo está, tiene a María, a sus nietos, amigos, a su madre y sobre todo a ella misma porque aprende que, como en la fábula de Esopo, "La Alondra y sus hijos", uno solo se tiene a sí mismo y no debe esperar nunca nada de otros, "nadie es indispensable" señala la narradora (95).

"La soledad tiene cara muy fea" confiesa Ina (NDI 12) quien también vive en ese mundo de aversión al aislamiento. Por no estar incomunicada se presta a ser partícipe del macabro ensayo teatral donde vampirescamente todo su público participante succiona lentamente su acorazada conciencia[12] hasta dejarla casi seca emocional y síquicamente. Su viudez es el instrumento promotor de todas sus pesadillas de mujer madura: "Yo no quiero sacar las cuentas sola... No quiero regresar sola... y que me enfrento al crepúsculo *sola... Yo no quiero hacer los cheques sola... hablarme sola... Lo único que quiero hacer sola es morirme"* (mi énfasis) (NDI 55). Nótense todas estas repeticiones que dan crédito de la existencia de un cierto grado de neurosis y terror por el mundo oscuro de la incomunicación.

El único personaje que se libera de la plaga de la soledad es Mercedes. A ella no se la escucha hablar de soledad o aislamiento. Su inmunidad la hace insensible del padecimiento que la soledad ha infligido en las otras mujeres. El hecho de que Perera trata realmente de enseñarnos que sí existe esa conciencia femenina liberada de todo temor y dolencia, de toda cadena que retenga la existencia y evolución de su "Ser", hace que estas novelas deban ser leídas con mucho cuidado; no sólo por el hecho de que en ellas las primeras voces se turnan elocuentemente entre personajes pero también porque los diálogos interiores, como el de Ina por ejemplo, "[l]os mejores diálogos los dijo mi pensamiento" (NDI91), dan a conocer la verdadera trama novelística.

---

[12] "Consciousness, for the reason that the object has for it this character, is the UNDERSTANDING-for which the "things" of perception pass for mere phenomena, and it (the Understanding) contemplates the internal of things" (Loewenberg, 72).

Toril Moi señala que "la mujer está presente total y físicamente en su voz y su obra escrita no es más que una extensión del acto de hablar, reflejo de su propia identidad" (123). Es así que la lectura y el análisis de estas dos últimas obras de Hilda Perera irradian la energía misma de la autora. Su posición como mujer y autora del exilio, le sirve para intentar la decodificación de la sicología de la "nueva mujer norteamericana". Sus personajes son complicados no sólo porque espacialmente crean su propia realidad, sino porque llevan consigo dolencias y temores que cambian la complicada faz de un ambiente que constantemente quiere moldearlas y asimilarlas dentro de su naturaleza inerte y opresora. Sus unicornios se liberan. La noche sirve para exorcizar al "Ser" de la persona que en un proceso de aprendizaje, llega a conocer más de sí misma y de la existencia del "Otro", como Martín Buber indica:

El ser humano defin[e] su relación personal como individuo pleno en el momento que reconoc[e] la existencia del 'Otro' (Siendo el 'Otro' aquello que no forma parte de nosotros y que se nos presenta intelectualmente como la potencialidad y la complementariedad de nosotros mismos), sabemos que todo ser humano se enfrenta constantemente con un 'Otro' (Gascón 200).

La narrativa de Perera nos presenta este constante enfrentamiento, el de uno mismo con su "Ser" interior, el "Yo" y con los que nos rodean "los Otros", que constantemente cambian la realidad existencial de cada individuo.

Obras Citadas

Aldaya, Alicia G.R. "¿Es *La noche de Ina* la típica novela femenina contemporánea?" *Círculo* 21 (1992): 23-31.

Castillo, Debra A. Talking Back: Toward a Latin American Femenist Literary Criticism. Ithaca: Cornell UP, 1992.

Cumming, Robert Denoon. *The Philosophy of Jean-Paul Sartre.* New York: Vintage Books, 1965.

Fernández-Vázquez, Antonio A. "Acercamiento a la novelística de Hilda Perera". *Crítica Hispánica* 8:1 (1986): 27-35.

Gascón Vera, Elena. *Un mito nuevo: La mujer como sujeto/objeto literario.* Madrid: Editorial Pliegos, 1992.

Jacobus, Mary. *Reading Woman: Essays in Feminist Criticism.* New York: Columbia UP, 1986.

Hatcher, Donald L. *Understanding The Second Sex.* New York: Peter Lang, 1984.

Hegel, Georg Wilhelm Friedich. *Hegel Selections.* Loewenberg, J., ed. New York: Charles Scribner's Sons, 1929.

Perera, Hilda. *La jaula del unicornio.* Barcelona: Editorial Moguer, S.A., 1990.

_____. *La noche de Ina.* Madrid: Ediciones Libertarias, 1993.

Miles, Rosalind. *The Woman's History of the World.* New York: Harper & Row, 1988.

Miller, Beth, ed. *Women in Hispanic Literature. Icons and Fallen Idols.* Berkeley: U. of CP., 1983.

Moi, Toril. *Teoría literaria feminista.* Madrid: Ediciones Cátedra, S.A., 1988.

La desolación de la mujer protagonista en
La noche de Ina

Antonio A. Fernández-Vázquez
Virginia Polytechnic Institute and State University

La producción novelística de Hilda Perera se ha venido caracterizando por la hábil manipulación de voces narrativas que rinden efectos específicos en el texto literario. Como suele prevalecer también en su obra, en su novela más reciente, *La noche de Ina* [1] predomina la perspectiva femenina, tanto como voz narrativa como por la preponderancia de la interacción de los personajes a nivel mujer>mujer o mujer>hombre, relegando a los personajes masculinos a papeles secundarios, casi sin dinamismo propio. [2]

En *La noche de Ina* la perspectiva femenina es casi totalizadora, manifestándose en el discurso generado por el yo narrativo de la protagonista Ina, mediante el cual se perfilan los demás personajes al igual que todos los referentes que la van caracterizando; o sea, como mujer en su multiplicidad de papeles: madre, abuela, suegra, viuda, amante, y aun hija; como mujer en el tiempo cronológico: vieja; como mujer producto de su época: fuera de lugar; como mujer perteneciente a una cultura transplantada: desarraigada en el exilio; y por fin, como mujer resultado de la combinación de esta referencialidad. Esta lectura de *La noche de Ina*

---

[1] Todas las referencias son a la citada edición de 1993, que a continuación se señalarán con las páginas correspondientes entre paréntesis.

[2] En su libro *Teresa y los otros* Wilma Detjens estudia la preponderancia de esta voz narrativa femenina en la novelística de Hilda Perera. Véase también mis artículos "Historia y ficción en *Los Robledal*", y "Acercamiento a la novelística de Hilda Perera".

intentará elucidar cómo esta perspectiva femenina estructura la retórica y la temática del texto, produciendo a su vez una penetrante incursión al mundo privado de Ina, mujer-narradora en disyuntiva con la realidad que la circunda y aun consigo misma. [3]

La noche de Ina se compone de catorce partes discursivas o segmentos narrativos de variada extensión y diversos grados de pertinencia al asunto central, pero que no obstante contribuyen a la visión artística de la novela. Asimismo, las coordenadas espaciotemporales de la narración la ubican en Miami, durante una época imprecisa de la actualidad, Dentro de estas coordenadas, la anécdota tiene lugar en un espacio concreto, o sea, en una casa, durante el plazo de una noche. En su recuento más suscinto, el asunto es el siguiente: Ina acude de invitada a un convite en casa de su hijo Raúl y de su esposa Irene. El está en el trabajo y no se encuentra. Desde un principio, Ina se siente incómoda al tratar de desempeñar simultáneamente los susodichos papeles requeridos de ella como mujer, madre, abuela, suegra y viuda perteneciente a una época formativa y a una tradición cultural específicas. A medida que llegan los demás invitados, cada saludo provoca un diálogo socialmente programado, con frecuentes monólogos interiores por parte de Ina que escudriñan minuciosamente la relación entre su verdadero ser y el papel que se espera que ella desempeñe.

Escrita en una primera persona que alterna constantemente el mundo privado del monólogo interior y el mundo público del diálogo, el texto se va formando a medida que la protagonista-narradora entra y sale de su mundo interno. En numerosas ocasiones, diálogo y monólogo interior se combinan hábilmente, presentándole a los lectores simultáneamente lo que piensa para sus adentros la protagonista-narradora a medida que dialoga externamente con otros. De esta forma los diálogos captan una serie de encuentros verbales entre Ina y los otros personajes; y los monólogos interiores, vagantes mentales en los que Ina revela sus verdaderos sentimientos y dudas, y su lucha constante contra la enajenación a varios niveles.

El distanciamiento entre Ina y el resto de los personajes se patentiza aún más si se tiene en cuenta que Irene y algunas amistades habían concertado conversar con Ina, sin que ésta lo supiera, sobre ciertos temas provocadores con el propósito de llevar a cabo una pieza de teatro

---

[3] En el artículo citado, Alicia Aldaya investiga la similaridad entre esta novela de Hilda Perera y la nueva novela femenina.

expontáneo. Uno de ellos lo explica así: "Todo **ad lib**. Impromptu. Un sicodrama suscitado exprofeso para convertirlo en teatro." (14) Ina sería, por consiguiente, el personaje principal de una obra en la cual no sabe que está involucrada y cuyo imprevisto guión lo constituirían sus respuestas y comentarios. Irónicamente, muchas de las supuestas respuestas espontáneas de Ina suelen reflejar lo que ella piensa que los demás quieren oir, diluyendo así la línea divisoria entre lo que se dice y lo que se es, y viceversa. Y en esas ocasiones en que por fin Ina contesta como se siente, los llamados dramaturgos objetan si lo que ella dice no concuerda con sus ideas preconcebidas. En este sentido, el intento a la producción teatral espontánea guarda un estrecho paralelo con la relación entre Ina y los personajes de la obra, ya que éstos la desdeñan a no ser cuando les conviene. Al igual, el hecho que los dramaturgos sean jóvenes y que Ina sea vieja deslinda aún más la distancia en términos generacionales. La profesora y crítica Alicia Aldaya lo explica así: "Los más jóvenes, la descartan, a no ser que haya interés por medio. Si es así, la actitud fluctuará entre una condescendencia impertinente y un abierto enfrentamiento cuando no logran sus deseos." (Aldaya 23) Esta sobreimposición de un propósito teatral en la narración es uno de los logros estilísticos de la novela, ya que insinúa una relación entre los diálogos, el yo público de Ina y la realización de papeles teatrales **pro forma,** y otra entre el monólogo interior y la auténtica voz de la protagonista.

Desde un principio, Ina identifica lo más íntimo de su ser como un fugaz tránsito entre estados de ánimo volátiles (7), dejando así inferida su desubicación existencial. Es de esta premisa de su inseguridad intrínseca, que la protagonista se va autodescribiendo. A su inhabilidad de recordar nombres y datos de fechas recientes se le juxtapone la memoria detallada de recuerdos remotos en el tiempo, desvanecimiento que ella capta metafóricamente valiéndose de terminología marítima: "Es el gran esfumino de la arteriosclerosis que va tirando al agua las sogas que nos amarran a puerto." (9) Es decir, aferrada a recuerdos lejanos que ya no forman parte del presente, el hoy de Ina—o sea, su 'noche'— se desenvuel-ve en su soledad y en la búsqueda de su lugar dentro de la actualidad circundante. Esta ambivalencia vivencial la explica ella misma a través del monólogo interior de la forma siguiente:

De tanto estar conmigo y viajarme en todas direcciones, me pierdo entre las sucesivas personas que he sido y acabo no encontrándome y sin escoger aún a la mujer definitiva que llevaré a la muerte. Todo esto resulta muy complicado; para entenderlo hay que haberse zambullido mucho en el propio ser y haber tenido lo menos sesenta años de práctica en el deporte. (12)

La relación de Ina con su nuera Irene refleja también su incertidumbre vivencial. Por un lado, y queriendo hacerse partidaria de la ocasión festiva, Ina dialoga sobre los aperitivos con su nuera y le dice: "Ay hijita, ¡has hecho maravillas!;" (21) por otro, el monólogo interior revela la cautela que encierra el comentario: "-con las nueras y yernos, pero más con las nueras, mucho halago y poco consejo; mucha intimidad, pero de lejos, como si uno fuera algo que se contagiara." (21) El oximorón sugerido por la frase "mucha intimidad, pero de lejos" indica la precaria situación de Ina, al tratar de intimar sin el beneficio de la opinión franca y con la preocupación de sobrepasarse. Más adelante, la distancia entre la suegra y su nuera se ensancha aún más cuando Ina sospecha que Irene le ha sido infiel a su hijo y cuando por fin se entera que ella ha sido partícipe de la farsa perpetrada en su contra.

El hecho de que Ina ha enviudado acrecenta su soledad. Se había casado de joven, a los diecisiete años, y llevaba treinta y seis años de casada cuando dejó de ser esposa, o sea, de compartir la vida en una de sus manifestaciones más íntimas. El dolor y el desconcierto que causa la pérdida de un ser querido se lleva a cabo mediante bien logradas descripciones y el acertado uso de referentes gramaticales en los monólogos interiores de la protagonista-narradora. Al encontrarse rodeada de parejas en la fiesta, Ina declara para sus adentros: "Estoy, completamente una, en medio de tantas dos" (46), frase en la que el aislamiento de Ina se insinúa como el producto de una condición resultante sugerida por el uso del verbo estar, en vez de la índole intrínseca y permanente asociada con el verbo ser. En otra ocasión, al acostumbrado uso de la primera persona del plural de los casados, se le sobreimpone la necesidad de expresión en la primera persona del singular de la viudez:

¿Si les digo el esfuerzo de decir mío por nuestro, yo por nosotros, y dejar para siempre la primera persona del plural de los verbos: ése éramos, andábamos, hacíamos, que se convierte en los verdugos soy, ando, hago? (49)

En cuanto al texto, estas referencias a usos gramaticales se convierten en un lenguaje figurado que señalan ausencia y soledad.

De acuerdo con su matriz cultural, Ina se identifica con una serie de valores provinientes de otra época, de otro espacio en el tiempo, muchos de los cuales han dejado de tener vigencia al transplantarse a otro contexto cultural. Ina le trata de explicar este vínculo a los jóvenes en la fiesta de la manera siguiente: "Es que somos exilados de una misma patria en el tiempo. No necesitamos más pasaporte ni trámites para la amistad. Nos reconocemos víctimas del mismo naufragio" (74) Al seguir arraigada a los cánones del contexto cultural dejado—en este caso los de la sociedad habanera de la era republicana—,Ina se siente anulada, fuera de su elemento vivencial con generaciones más jóvenes que no comparten su formación. Irónicamente, el arraigo a un pasado que ya no existe, a ese otro contexto cultural naufragado, constituye desarraigo en el presente. En su condición de madre, Ina también se encuentra soslayada. Por un lado trata de desempeñar el papel de madre tal y como se espera de ella por los otros personajes: "Yo me escogí a mí misma hoy, como de un ropero: elegante, sobria, discreta, superflua; lo suficiente para que digan ¡que agradable la madre de Raúl!, y no irradiar ni el más leve asomo de vigencia. La **mater ejemplaris**: telón de fondo; jamás el proscenio" (11) Además de sugerir caducidad, la referencia a la falta de vigencia se podría interpretar como impotencia maternal. Esta condición se desborda a la relación entre abuela y nietos, en cuya segunda maternidad Ina también se siente fracasada. En el acostumbrado monólogo interior, la protagonista-narradora plantea el rechazo de sus nietos de la forma siguiente:

¿Que los cuidabas de niños, que los meciste las mil y una noche, que con tus nanas cosidas juntas, se le hacía al mundo un cinturón de sueño? Sí. ¿Que cocinaste un alud de papillas, hiciste más cuentos que vieja de pueblo? ... A los doce, lo más a los quince, los nietos te amputan. No llaman, Los aburres. ¡Al asilo la vieja con sus cantaletas! (61)

Vale la pena notar que el uso de 'amputar' sugiere incisión de su propia carne y huesos, de su propia sangre encarnada en sus herederos.

Cuando por fin su hijo Raúl entra en escena hacia el final del tiempo cronológico de la narración, el lector se percata que esta impotencia maternal llega a lo más recóndito de la relación madre-hijo. Al darse cuenta Ina que los presentes estaban confabulados y pretendían usarla a ella en ese drama espontáneo sin su conocimiento, Ina sale de la casa y se encuentra con su hijo, que apenas llegaba. Cuando intenta refugiarse en él para aliviar el agravio sufrido, su hijo no la escucha y le habla de los altibajos de la bolsa. El supuesto diálogo se torna en monólogos inconexos el uno del otro, recalcando así la falta de comunicación entre madre e hijo, y su impotencia como madre. Este "Patético diálogo de sordos", como lo ha llamado acertadamente Alicia Aldaya (Aldaya 24), indica la muerte simbólica de su hijo, y por lo tanto su condición de madre pasa de impotencia a la inexistencia. Quizás Ina podría haberle hecho frente a todas las otras adversidades, menos a la de dejar de ser madre mientras se tiene vivo al hijo. Ina finalmente se refugia en su propia condición de hija, encontrando en su anciana madre el único ser humano que la necesita, y que por ende le da razón de ser.

Desde el punto de vista anecdótico, *La noche de Ina* carece de desenlaces obvios, y el texto termina permitiendo que los lectores formulen sus propias conclusiones. El hecho que Ina sólo haya podido encontrar vigencia como ser humano en el papel de una hija que cuida de su madre anciana y desvalida, sugiere que el significado de su vida está más allegado a la generación que está dejando de existir que a la que define el presente. La 'noche' de Ina, por lo tanto, es el ocaso de la protagonista que tiene lugar en un presente desahuciado en el cual ella ya no tiene ni cabida ni vigencia.

En *La noche de Ina* Hilda Perera ha elaborado un texto que valiéndose de la referencialidad de la desubicación de la protagonista en sus diversos papeles como mujer productos de una época y formación específicos, la manipulación del diálogo y del monólogo interior, la sobreimposición de motivos teatrales a la narración, y el uso de un lenguaje figurado que recalca la soledad, produce una penetrante incursión al mundo solitario y enajenado de una mujer desde la perspectiva totalizadora de una voz narrativa femenina.

OBRAS CITADAS

Aldaya, Alicia. "¿Es *La noche de Ina* la típica novela femenina contemporánea? Círculo. 21 (1992): 23-31.

Detjens, Wilma. *Teresa y los otros: voces narrativas en la novelística de Hilda Perera*. Miami: Ediciones Universal, 1993.

Fernández-Vázquez, Antonio A. "Historia y ficción en *Los Robledal* de Hilda Perera. (por aparecer)

_____. "Acercamiento a la novelística de Hilda Perera. *Crítica Hispánica*. 8.1 (1986): 27-35.

Perera, Hilda. *Los Robledal*.. México: Editorial Diana, 1987.

_____. *La noche de Ina*. Madrid: Ediciones Libertarias, 1993.

Women's Masks Through Life: Narrative Voices in *La jaula del unicornio* and *La noche de Ina*

Clementina R. Adams
Clemson University

Two novels by Hilda Perera, *La jaula del unicornio* and *La noche de Ina*, portray women's behavioral characteristics at different stages of their lives. This essay will discuss these characteristics, as well as the masks women use to survive in a patriarchal society; a society with a dominant male discourse that defines the other gender "as created by, from, and for men, the children of male brains, ribs and ingenuity" (Gilbert and Gubar 12). In these texts, Perera departs from the traditional narrative style used in her novels *Mañana es 26*, *El sitio de nadie*, and *Felices Pascuas*, where the characters are only seen through the eyes of the main female narrator (González 18, Detjens 17). In *La jaula del unicornio* and *La noche de Ina*, the Cuban writer presents a novelistic approach with monologues and dialogues, using the dual narrative voice of the main characters. Flashbacks comprise another part of her narration, a discoursive technique that Florinda Álzaga, also observes in *El sitio de nadie* (15). Through Perera's narrative techniques, the reader sees each character from different points of view as expressed through the character's dialogues and inner thoughts as well as through other characters' perceptions.

In *La jaula del unicornio* and *La noche de Ina* the author narrates family situations and relationships through the voices of the main characters. Women's behavioral reactions to society at different life stages are central to both novels. In *La noche de Ina*, Perera presents the story of Ina, a grandmother, who is invited to her daughter-in-law's party to be the main character and narrator of a live play. The idea behind this double representation of reality is to make her talk as much as possible and use her narrations and guest's reactions as the plot of the play.

As the speaking subject, Ina's inner thoughts describe the guests at the party to the reader: Johnny, the executive, strong and in control; the subordinated submissive worker, Pepín; the famous producer, Mac; the old friend, Jorge; the housewife (Ina's daughter-in-law), Irene a victim of solitude and of her husband's neglect. Ina also describes other characters at the party, such as the jealous wife and the typical long-married couples. She also reveals her solitude and reluctance to accept the loss of her youth and attractiveness and the desire to recapture her female body and her female identity. In the play, unknowingly, Ina is supposed to be the main character, the scriptwriter, and the director. Johnny's and Irene's role is to motivate Ina to talk about any subject. In fact, everything that comes from her mouth would be an integral part of the live play. At the party, other real situations evolve under Ina's watchful eyes and instincts. She becomes aware of the love affair between her daughter-in-law and Johnny, both of whom are married. She also realizes that Mac, the gay movie producer wants Johnny's sexual favors in exchange for financing the play's production.

During the party, Ina narrates different episodes of her youth, as well as incidents of her recent past. Fearing Ina's silence, and probing for the type of subject-matter that sells, such as divorce, infidelity, lies, and deception, Irene and Johnny's wife entice Ina to discuss her personal affairs (intriguing personal stories are more commercial). Ina is practically pushed to talk about her private life, especially about her most recent love affair. Yet she cleverly narrates only one version of her story to the party goers while disclosing the real story only to the reader through her inner voice.

At the end of her story women at the party ask questions about Ina's position regarding the Women's Liberation Movement. When Ina starts to express her opinion on this subject, she suddenly realizes that, despite all her external attempts to appear modern, she is an old-fashioned woman who appreciates woman's traditional roles: mother and/or housewife: "Yo creo que el feminismo ya es anacrónico. Por lo menos en vuestro mundo. Nada envejece tan pronto como lo moderno" (89). By admitting the progressive aging of the female body, she is also revealing abidance to the social and cultural norms of a society which bases women's identity and desirability on her body's appearance.

The women present react violently to Ina's remarks. They even try to assault her and she falls to the floor. At the same time, to everyone's surprise, her wig flies off her head. Humiliated, and unmasked, she then uncovers other guests' masks by confronting them with their own infidelities, family neglect, and harassment. Finally, hurt, feeling violated and humiliated, she confesses proudly to them that she has won after all, because they have not heard her real story—the real story will always belong to her.

At the end of the novel, an old, humiliated and infuriated woman leaves the party at the same time that her son enters the house. However, she does not receive from him the love and consolation that she is looking for. Ina walks to her mother's house looking for warmth and strength. She finds it when she realizes that she does not have to carry the heavy weight of her mask anymore. Feeling like a new woman, Ina enters the house to take care of her very old mother: "Quédate quietecita madre. Aquí. Yo vuelvo enseguida. Ya tú no te das cuenta de nada, así que no importa. Entra, entra, que voy a despertar para siempre" (94).

In *La jaula del unicornio*, Hilda Perera tells the story of Mercedes—an illegal immigrant—who came to the United States, after suffering many ordeals. Her goal was to make enough money to bring her daughter and offer her a better life than the one she had experienced in her native Honduras. She finds employment as a maid and assistant to Ms. Estella or Esté as she is called, a legal immigrant from another Latin American country who treated her with kindness. Mercedes job is to care for both the house and Esté's mother—an old and loving person who suffers from Parkinson's disease. In Mercedes' portrait, Perera captures the lonely existence of a character in the service of others and dedicated to the role of a mother and a caretaker that the patriarcal society often assigns to women. By leading a frugal existence, Mercedes manages to save enough money to bring her daughter María from Honduras. María, who is a small child, has come to stay with her mother at Esté's house. Esté accepts having María in the house not only out of compassion for the little girl, but especially for fear of losing Mercedes' able assistance.

María's life revolves around the three women of the house. Daily routines are only interrupted by events such as the fall of grandmother Lila from her bed and her stay at the hospital, the visits of relatives (single parents and their children), María's rebellion and escape from the house, the appearance of the rabbit "Don Quijote" and of Manuel (a stranger who wanted to marry Esté), María's first communion and other celebrations such as birthdays, Christmas, and New Year's Eve. The turning point of the novel is the fight between Mercedes and Esté. The departure of Mercedes and María forces Esté into new responsibilities related to the house and the care of her elderly mother. At the end of the novel, Mercedes and María return to Esté's house, now as legal citizens.

In each of the works discussed, Perera presents women's reactions to a patriarchal culture that diminishes women's worth by casting them in a subserviant role as objects/commodities, which in turn means that women are invariably conditioned to a dynamic of domination/submission, as Nancy Hartsock clearly states (153). As a result, there is an attempt on the part of the female characters to disrupt the patriarchal standards by showing their power and resistance. Michel Foucalt, a social historian who has written extensively on these issues, sees power and resistance as two integral forces of discourse (81-102).

In *La noche de Ina*, Ina's daughter-in-law was having an extra-marital affair with Johnny. She was trying to find something in this love affair that her workaholic husband was unable to give to her. Ina, on the other hand, was trying to show her freedom and independence from men, unable, however, to free herself of some of the traditional women's values. In *La jaula del unicornio*, Mercedes is the victim of a military macho man, a narcissist who impregnates her and promises to marry her. She later finds out that he is already married and has children and decides to leave him as well as her native land. As a clear case of female victimization, Mercedes is now living as a single mother and has succeeded in bringing her daughter to live with her. In point of fact, Mercedes' mother has also suffered ill treatment and humiliation from her husband.

Besides power and resistance, Perera's characters show psychological patterns of behavior that are common to women at different stages of their lives from childhood to adulthood. María, in *La jaula del unicornio*, is the typical child: uncomplicated, excited about simple things in life, curious, and ready to act out her fantasies. The world of make-believe fills her hours and she skillfully portrays exciting characters such as a doctor, a nurse, a dressmaker, a sophisticated lady, and many others. In her teen years, she rebels, expressing her rebellion through silence, rejection of her native tongue, and by running away from home. On one occasion, after being severely punished by her mother because of disobedience, María stops talking and spends more time alone, locked in her room. One day she shaves one eyebrow and later the other one. She rebels against her mother by refusing to speak Spanish and by threatening to call the police to accuse her of child abuse if she ever dares to touch her again. Finally, she leaves home and after almost a day of agony and concern, Esté and Mercedes find her.

Esté and Ina are strong female characters who represent older women surviving in the midst of a patriarchal society. Being older for many women is one of the most difficult periods of life when physical and sexual attractiveness cease to be their main strength. It is a period when memories of the past suddenly acquire a special importance as means of escape from present day realities. Moreover, Esté and Ina are women fighting against time, against the unfairness of a patriarchal society, where women are praised for their attractiveness. Women fear time, because with time comes aging and with aging comes the loss of men's attention, as well as the replacement of love and sexuality for contempt and pity. Women do not stop existing for themselves but they stop existing as a woman to men. They become marginalized, deprived of their own voice and doomed to a life of passive confinement as objects venerated by men.

In Hispanic societies, age does not seem to affect men as it does women. A Hipanic American saying notes that women become older with age, but with age, men become more interesting. Apparently, the issue holds true because there are more older men married to or living with younger women than older women married to younger men. Perhaps this explains why more women than men look for artificial ways to preserve their youth, such as creams, cosmetics, and plastic surgery as in the case of Ina and Esté. Women wish to find other meaning in their lives. They want more than just being procreators and preservers of the species. Thais González describes this type of behavior remarkably well in regard to a female character of *Felices Pascuas*: "El problema principal que aqueja a esta mujer-madre es el sentirse desplazada como progenitora. Parece que aparte de ser madre, no le quedan muchas cosas que hacer" (20).

Older women also have to deal with younger women who disagree with their points of view. Often, younger generations of women do not want to hear anything that jeopardizes their theories of liberation and modernism. In *La noche de Ina* the women at the party reject Ina, when she expresses her traditional point of view about women

—¡Pero esto es intolerable

—¡Retrógada!

—¡Se le sale el refajo o la combinación o como se diga de conservadora!

—En el fondo es una traidora, ¡eso!

—¡Traición! ¡Traición!

—¡Nos ha estado molestando, paniaguando, embrollando con sus silencios y sus Zalemas! ¡No es de las nuestras! —¡Paredón, garrote con ella! (89).

Perera's characters represent real people with their problems, worries, and concerns. Through women's voices, Perera shows different ways a situation is perceived and reacted to by women and how their behavior varies from their inner thoughts. In *La noche de Ina*, Ina's description at the party of her supposed love affair varies from the real description of her inner thoughts. In *La jaula del unicornio* Mercedes' reactions are appreciated through her open dialogues and conversations with Esté. However, the real motives for her acts vary from her expressed behavior. Only the reader knows her real motives through the voice of her inner thoughts.

Human interactions and relationships are another important part of both novels. Women appear as the nucleus and main supporting elements in the family. In *La jaula del unicornio* Perera describes the relationship between four generations of women: the grandmother (abuela Lila), the mother (Mercedes), the adopted new generation grandmother (Esté), and María, the daughter. As a member of the household, María knows every person's routines and basic habits. She enjoys the world of fantasy of old grandmother Lila. Their connection and mutual understanding is special. She has learned to cope with Esté's moods and is aware of her unusual interest in finding happiness through art and drama and, especially through her writing, which sugggests that women also have the power to be creative. María also understands her mother's moods, irritation, pride, and gestures of concern and disapproval.

Both novels, then, focus on women's relationships and their search for identity and assertion of independence and their behaviors are perceptibly described. Women in both novels live as single mothers. They seem to enjoy their lives independent from men. They had the chance to share their lives with men and they all chose to remain single. Ina's brief romance ends in disillusion. Este's suitor does not excite her enough to commit to a marriage, and Mercedes' husband of convenience, even though the man admits his real love for her and wants to make the marriage work, only receives her cold rejection. Women seem to prefer a life free from impositions and expectations from men. In *La noche de Ina*, Ina's repression of her real self is motivated by her desire to belong, to be a part of a society that tends to shut-in older women, and by her fear of being rejected by other women who object to a traditional view of women's roles in current times.

Ina would prefer things the way they used to be. She could be her real self without the coverup of a mask, but her fear of rejection and solitude is stronger. Mercedes dreams of her old simple life with her mother in Honduras, but she knows that the trade off is difficult. Mercedes' daughter, María, misses the simple life of her grandmother, Meche, in Honduras, but, on the other hand, she wants to belong, she wants to be an "American". She does not want to speak in Spanish as much, nor does she want her name to be "María" any longer but prefers "Mary" because she understands the problems of discrimination. María is caught between a battle of cultures and identity. Esté, practically absorbed by the American culture, finds the image of a unicorn, her mechanism for escape. She would like to fly far away where she could commune with nature and escape the cruel realities of the world she has to face as a single woman.

Perera's characters are presented by a variety of voices. This process allows the reader to really know the characters as they are and as other people perceive them. Mercedes, as a narrator, is the voice of reflection and memories of a childhood in a different culture. Her inner feelings and reflections on hidden facts and behaviors from the past help explain her seemingly strange behavior. Her narrative voice gives the reader a clear explanation, for example, of her refusal to accept any gifts for herself or her daughter. The reader learns that, as a child, Mercedes' mother refused to let her or any of her brothers accept anything handed out to them through pity, in spite of their miserable economic situation. Doña Meche was trying to save her daughter from experiencing all the pain and frustation she endured as a child when she was unable to enjoy even the simplest pleasure, such as having a real doll for Christmas.

Feelings of love, selfishness, and rejection as part of human's interactions are also present in both novels. Communication problems are perceived as barriers to human interactions and relationships. In *La jaula del unicornio* María learns to love Esté, because Esté knows how to make her appreciate and enjoy the simplest thing in life and because more than her mother, Esté, can communicate with her; she has time to listen and play with her. María believes that mothers seem to spoil the beauty of communication and bonding with their children because of daily concerns for survival and their obsession with teaching good habits and discipline to their children, to a point where they stop listening to their children, as well as sharing in their problems, their happiness, and even their silence. María's voice narrates one instance of this phenomenon in remembering a conversation with her mother:

Si al vestirme le digo que quiero la blusa azul y no la roja,
porque en el colegio todos los de mi mesa queremos ir de azul,
como si fuera un club...
—Usted se pone la ropa que yo le saque, y asunto concluido. Si
comiendo el cereal me entretengo mirando el aire:
—¡No! ¡No pienses más en las musarañas y come!
Cuando al fin llega el bus, busca el peine, me hace cola de caballo
sabiendo que no me gusta, me alisa el pelo dándome tirones. Apenas me
besa y me dice:
—¡Corre! ¡Corre! ¿Llevas los libros?
Ya estoy subiendo al ómnibus, y todavía me grita sin importarle que
la oigan:
—¿Llevas la tarea? (25)

When María compares her relationship with her mother and her
"grandmother Esté" she feels more comfortable talking to Esté because, in
spite of Esté's silent moods, when they did speak, they communicated. Esté
finds the time to listen to her, to talk to her, and even to have fun with her:
"Por eso, no es que yo quiera menos a mi madre y más a la abuela Esté. Lo
que pasa es que abuela Esté es más divertida y me hace cuentos o juega al
teatro o al ballet conmigo" (26

Another aspect of women's behavior addressed by Hilda Perera in the
novels is the use of masks by women as a way to survive and to escape the
pressures imposed by society. Women's behavior is, in many instances,
judged on external appearances. Very frequently, a happy exterior mask,
covers a scared and concerned woman who is afraid of facing her reality.
As Gilbert and Guber explain, before a woman can journey towards
autonomy "she must come to terms with the mythic that masks male artists"
(16-17).

Women, in general, are in many cases forced to wear a mask to
conform to the values and standards set by a patriarchal society. They have
to constantly prove themselves in a society that values the capacity and
strength of men and treats women as commodities, domestic servants, or
sex objects. A mask allows women to be free while protecting their
traditional image, even women who have a high self-esteem hide, to some
extent, behind the protection of a mask. They also have to protect their
image from other women's opinions, whether they be traditionalists or
modernists.

Women in both novels use masks to escape from an unfair and cruel society. Ina represents liberation and modernism to women at the party. For a moment, protected by a mask of modernism, she is the ideal model to be emulated. However, Ina is conscious that her real self is at odds with that model. When her mask is down, youth is gone, appreciation and admiration by others deteriorate and what is left is an older woman, powerless and pitiful.

In *La jaula del unicornio* Esté wears a different mask, one of dignity and resistance. She needs this disguise to survive in a patriarchal society where men seem to have the power to control everything. This mask enables her to control her life as a single woman. The mask also provides her with control over her servant, Mercedes, and over the individuals who, in one way or another, affect her life. She wants to make sure that everything works like clockwork around her. When Mercedes makes the decision to leave the house, Esté maintains the mask in front of her servant. Once Mercedes is gone, however, Esté's mask is down, and she realizes how vulnerable, sad, lonely, depressed, and overwhelmed she feels at having to deal with the care of the house and of her sick mother all by herself. Pride and stubbornness are other masks that are frequently assumed by women to protect themselves against unpleasant situations. The women in the novels, especially Ina, Mercedes, and Doña Meche (Mercedes' mother), have strong pride. This pride could be an expression of insecurity and inferiority complexes affecting their lives from their past.

In *La jaula del unicornio* Mercedes feels inferior. She both represses and projects this inferiority concurrently in her behavior toward her only child as a way to compensate for the abuse, unfairness, and unfulfilled needs experienced in her childhood in Honduras. Mercedes dons the mask of pride and dignity to anyone who dares to make any attempt to show her sympathy. In the story, grandmother Esté gives Mercedes a beautiful white dress that had belonged to one of her grandchildren so that María can use it for her first communion. Mercedes takes the dress and makes her daughter wear that expensive and fancy dress unironed to class one day. Esté reminds Mercedes that the dress is not a school dress and that it was meant to be used for María's first communion. Esté narrates Mercedes' reaction to her suggestion:

> Mercedes ha cogido a María por los hombros, la va empujando hacia la habitación, la desnuda, la cambia de ropa y, con el resguardo de la puerta cerrada, desestima cuanto digo cogiendo

el vestido con sus manos fuertes y haciéndolo una bola de tela ajada que lanza con rabia al fondo del armario (59).

A similar situation had happened to Mercedes when her own mother had cut into pieces a beautiful dress given to her for Christmas by a neighbor, Doña Petra. To compensate for this lack in her life, for María's first communion Mercedes spends her small salary to buy the most expensive dress, a rosary made of New York pearls, and a book mounted in mother of pearl and gold for her daughter. She also hires the best photographer and buys expensive invitations and party favors. She provides a great buffet with an incredible cake and champagne for the adults. At Esté's reaction to this unnecessary display, the following dialogue takes place between Mercedes and Esté:

—Haces mal, Mercedes. Estás acostumbrando a la niña a ...

—Sí, Esté, a lo que quiero que se acostumbre. A lo bueno.

—Pero hija, ¿no comprendes que debes enseñarla a vivir dentro de tus posiblidades?

—Al contrario. Quiero que viva muy por encima de mis posibilidades. Que desee mucho, para que trabaje mucho (61).

Both novels describe women's struggle for independence and search for identity: the single mother's struggle to bring her daughter back to live with her; the single mature women trying either to belong in a modern society or to control her family and business; and the teenager trying to adapt and find an identity in a different culture.

Two women stand as symbols of strength and control: Ina and Esté. Ina has the power of communication. She can control any social event and become the center of attention. Through her mask of a modern woman, combined with her qualities as an excellent storyteller, she manages to gain admiration and respect. Her real self is protected and kept just to herself. No one can enter there. Esté, on the other hand, is a decision maker and a business woman who controls everyone in her household. She has financial power. She also wears a mask to feel alive, to communicate with the younger generations and to find hope in the world of theater, arts, and writing.

Both women ultimately see their masks removed and their worlds collapsing. Ina becomes an old insignificant grandmother when the women at the party realize that she does not belong, that she is not truly modern, and that there is no longer a place for her in that younger circle. She then becomes weak and humble; she is herself. Now she goes to find the only person who really loves and needs her, her mother. Esté sees her world collapsing when Mercedes decides to rebel against her orders and to move out with her daughter. She uses the mask of control and dignity to prevent herself from begging Mercedes to stay in the house with her. Not only is Mercedes leaving, but María, her adopted grandaughter, will go too. Esté's world collapses when she has to face a new challenge in her life — to be housemate and a nurse to her elderly, sick and disillusioned mother. Esté feels old and weak.

Hilda Perera is a master of behavioral characterization. Her narrative technique serves her extremely well. The multiplicity of voices allows for a complete knowledge of each character, voiced by the characters' own descriptions through dialogues and conversations; by other characters' perspectives or comments; and by reflections from the characters' inner thoughts. The unity in the narration is attained by love and understanding in the character's relationships. In *La noche de Ina*, the unity is attained through Ina's narrative and social skills. In *La jaula del unicornio*, unity of narration is attained through love and understanding among the three female characters. According to Detjens: "Las tres son de distintas edades y de diferentes circunstancias económicas y culturales, pero existe un lazo de amor y comprensión entre ellas que forja una unidad narrativa de elementos aparentemente diversos y confusos" (59).

To sum up: in both novels, the reader has the opportunity to see within the protagonists, to feel their pain, and to understand their motivations and behavior. The reader knows these characters not only as others see them but also as they see themselves, behind their masks. Perera's understanding of the psychology of women's behavior combined with her narrative technique of using a multiplicity of voices results in stories that border on the testimonial. The reader is drawn into the plot at the exterior level of action, while simultaneously listening to the inner voices of the characters — their fears and motivations.

Works Cited

Álzaga, Florinda. *Ensayo sobre "El sitio de nadie" de Hilda Perera*. Miami: Universal, 1975.

Detjens, Wilma. *Teresa y los otros: Voces narrativas en la novelística de Hilda Perera*. Miami: Universal, 1993.

Foucalt, Michel. *History of Sexuality, I. An Introduction*. Trans. Robert Hurley. New York; Random House, 1978.

Gilbert, Sandra M. and Susan Guber. *The Madwoman in the Attic*. New Haven: Yale UP, 1979.

González, Thais S. *Vida y obra de Hilda Perera*. Master's Thesis, Tallahassee: The Florida State University, April, 1984.

Hartsock, Nancy C.M. *Money, Sex and Power: Towards a Feminist Historical Materialism*. Boston: Boston, Northeastern UP, 1983.

Perera, Hilda. *La jaula del Unicornio*. Barcelona, Madrid: Editorial Noguer, S.A., 1990.

―――――. *La noche de Ina*. Madrid: Ediciones Libertarias, 1993.

HILDA PERERA: BIBLIOGRAFÍA SELECTA

Dolores Rovirosa
Miami, Florida, marzo 19, 1995.

INTRODUCCIÓN

El presente trabajo es una bibliografía selecta de la escritora Hilda Perera (1926-), la más importante novelista cubana de este siglo. Hilda Perera ha sido tres veces finalista del premio español de novela "Planeta" y dos veces ganadora del premio español de literatura infantil "Lazarillo". El material se agrupa en dos partes: Bibliografía activa y Bibliografía pasiva. La primera parte la hemos subdividido en la siguiente forma: I) Novelas; II) Novelas juveniles; III) Cuentos infantiles; IV) Ensayos; V) Textos; VI) Artículos; VII) Como traductora; y VIII) Traducciones de sus obras. La segunda parte la hemos subdividido como sigue: I) Libros y II) Artículos, entrevistas, menciones, noticias, reseñas, etc., (esta sección, por ser muy extensa, la hemos subdividido a su vez).

Esperamos que esta Bibliografía sea de utilidad a profesores, bibliotecarios, estudiantes y a toda persona que esté interesada en documentarse sobre la materia.

HILDA PERERA: BIBLIOGRAFÍA SELECTA

BIBLIOGRAFIA ACTIVA

I. NOVELAS

¡Felices Pascuas!: novela. [1a. ed.] (Autores españoles e hispanoamericanos) Barcelona: Editorial Planeta, 1977. 198 p. Finalista en el Premio
Planeta de 1977.

La jaula del unicornio. [Ilus. de cubierta: Francisla del Amo. 1a. ed.]
(Cuatro vientos: 88) Barcelona: Editorial Noguer, 1991, c1990. 102
p.

Mañana es 26 [i.e. veintiseis] La Habana: Lázaro Hnos., 1960. 227 p.

La noche de Ina. Madrid: Ediciones Libertarias, 1993.

Plantado: en las prisiones de Castro. [1a. ed.] (Colección Documentos: 72)
Barcelona: Planeta, 1981. 182 p.

Los Robledal. [1a. ed.] México, D.F.: Edivisión; Editorial Diana, 1987. 306
p. Finalista en el Premio Planeta de 1987. También finalista en el
Premio Internacional Novedades y Diana.

El sitio de nadie: novela. [1a. ed.] (Autores españoles e hispanoamericanos)
Barcelona: Editorial Planeta, 1972. 328 p. Finalista en el Premio
Planeta de 1972.

II. NOVELAS JUVENILES

Kike. [Ilus. y cubierta: Marina Seoane] (Colección El Barco de vapor: 61)
Madrid: SM Ediciones, c1984. 123 p.

Mai. [Ilus. y cubierta: Marina Seoane. 1a. ed.] (Colección El Barco de
vapor: 39) Madrid: SM Ediciones, 1983. 114 p.

Una niña bajo tres banderas, [por] Flora Basulto, en versión de Hilda
Perera. [Ilus. de Oliva Robain] La Habana: [Editora Juvenil, Editorial
Nacional de Cuba] 1963. 90 p.

Perdido. México: Fondo de Cultura Económica., 1994. 109 p.

III. CUENTOS INFANTILES

A. LIBROS

El burrito que quería ser azul. León: Editorial Everest, 1992.

Cuentos de Adli y Luas. Ilus. de Jorge Rigol. La Habana: Dirección General de Cultura, Ministerio de Educación, 1960.

Cuentos de Apolo. Habana: Editorial Lex, 1947. 109 p. Escrito a los diecisiete años, y hoy considerado como un pequeño clásico de la literatura cubana. Obra traducida a ocho idiomas.

Cuentos para Chicos y Grandes. Ilus. de Ana Bermejo. [Valladolid, España]: Editorial Miñón, c1976. 49 p. Premio "Lazarillo" de literatura infantil 1975.

La fuga de los juguetes. Ilus.: A. Anievas. (Colección Pericopín) Madrid: Editorial Everest, 1986. 33 p.

Javi. Ilus.: Ana G. Lartitegui. Madrid: Editorial Everest, 1991. [28] p.

Mumú. Comentario del texto Antonio-Manuel Fabregat. [Ilus. Luis Sánchez Robles] (Colección Alta Mar: 29) Madrid: Editorial Bruño, 1990. 123 p.

Pepín y el abuelo. Ilus.: A. Anievas. (Colección Pericopín) Madrid: Editorial Everest, 1983.

Pericopín. Ilus.: A. Anievas. (Colección Pericopín) Madrid: Editorial Everest, 1980.

Podría ser que una vez. [Ilus. y cubierta: Alfredo Anievas] Premio "Lazarillo" de literatura infantil 1978.

Rana, ranita. Ilus. por Viví Escribá. [Madrid: Editorial Everest, 1981]. 30 p.

Tomasín y el puerquito. León: Editorial Everest, 1992.

B. EN ANTOLOGÍAS Y PUBLICACIONES PERIÓDICAS

"Cuento." *Revista Lyceum* (Habana, Cuba), xii:41 (feb. 1955): 83-84.

"Cuentos de Apolo." En Izquierdo-Tejido, Pedro. *El cuento cubano: panorámica y antología.* San José, Costa Rica: Litografía e Imprenta Lil, 1983. 298-301.

"Duncan." *Linden Lane Magazine* (Princeton, N.J.), Núm. especial, ix:4 (oct./dic., 1990): 12.

"El gnomo Quintín: cuento." *Revista Lyceum* (Habana, Cuba), v:17 (feb. 1949): 55-57.

"Kilo." *Gaviotas*. Rev. ed. (SCDC Language Arts. Unit 19). Trenton, N.J.: Crane Pub. Co., 1983: 4-11. "Previously distributed by the Dissemination and Assessment Center for Bilingual Education, Austin, Texas."

"Nadi." En Izquierdo-Tejido, Pedro. *El cuento cubano; panorámica y antología*. San José,Costa Rica: Litografía e Imprenta Lil, 1983. 302-303.

"Niña Rosa." *Gaceta del Caribe*, 8 (oct. 1944): 9-10.

"Pedrín y la Garza." En Fernández-Marcané, Leonardo. *20 [i.e. Veinte] cuentistas cubanos*. (Colección Antologías) Miami, Fla.: Ediciones Universal [1978]. 89-92.

"Los reyes de Apolo." En *Navidades para un niño cubano: cuentos, teatro, estampas*. La Habana: Dirección General de Cultura, Ministerio de Educación, 1959.

IV. ENSAYOS

Antonio Maceo. La Habana: Lázaro Hnos., 1961.

Aspectos de "La Vorágine" de José Eustasio Rivera, por Hilda Perera. Con la colaboración de Marcela Serrallach, Daphnis Loppe y George Mendelson. [Viñetas de Horacio Maggi. 1a. ed. Santiago de Cuba]: Manigua, 1956. 80 p.

Idapo: el sincretismo en los "Cuentos negros" de Lydia Cabrera. [1a. ed.] (Colección Polymita: 3) Miami, Fla.: Ediciones Universal, 1971. 118 p. "Este trabajo fue tesis necesaria para obtener mi título de Master of Arts en la Universided de Miami, bajo el título de: *Sincretismo cultural en "Cuentos negros de Cuba" y "¿Por qué?" de Lydia Cabrera*."

José Martí. La Habana: Comisión Nacional Cubana de la UNESCO, 1961. 23 p.

Lincoln. En Abdo Canasi, Jorge. *Washington*, por Jorge Abdo Canasi, y *Lincoln*, por Hilda Perera Soto; ensayos biográficos por dos estudiantes cubanos, premiados en el concurso de 1945. La Habana: Seoane, Fernández [1945].

Máximo Gómez. La Habana: Comisión Nacional Cubana de la UNESCO, 1961. 24 p.

Sincretismo cultural en "Cuentos negros de Cuba" y "¿Por qué?" de Lydia Cabrera. Coral Gables, Fla.: 1970. iv, 100 h. Mecanografiado. Tesis (M.A.) - Universidad de Miami.

V. TEXTOS

Acentuación. [Habana]: López y Fadraga, 1956. 2-39 h. Edición mimeografiada.

Acentuación y puntuación. New York: Minerva Books, 1966. 144p.

La carta comercial, [por] Hilda Perera, María Elena Jubrías y Ena Mouriño. [Habana: Lázaro Hnos., 1956] viii, 147 p.

Cómo escribir para recién alfabetizados. La Habana: Comisión Nacional Cubana de la UNESCO, 1961. 13 p.

Un hogar para todos. [Illus. Rose L. Nach. Rev. ed.] (SCDC Reading Ser. Language Arts. Primary three. Unit 7). [Miami, Fla.: Dade County Board of Public Instruction, 1976]. 37 p.
Previously distributed by the "Dissemination and Assessment Center for Bilingual Education, Austin, Texas."

La lectura. (Colección Manuales técnicos: 3) La Habana: [Biblioteca Nacional "José Martí"], 1961. 132 p.

Lectura para secundaria básica. [La Habana: Lázaro Hnos., 1961] 24 p.

Ortografía. 1a. ed. La Habana: Impr. Lázaro Hnos., 1957.

Ortografía básica. 2a. ed. La Habana: Impr. Lázaro Hnos., 1960.

La pata Pita: Guía del maestro, [por] Hilda Perera y Mana F. Fraga. [New York: Minerva Books, c1980] 30 p.

La pata Pita: Libro de ejercicios, por Hilda Perera [y] Mana F. Fraga. [New York: Minerva Books, c1980].

La pata Pita: Libro 1ro. de lectura, [por] Hilda Perera [y] Mana F. Fraga. [New York: Minerva Books, c1979]. 80p.

La pata Pita vuelve: Libro de ejercicios, [por] Hilda Perera [y] Mana F. Fraga. New York: Minerva Books, c1985. 80 p.

La pata Pita vuelve: Libro 2do. de lectura, [por] Hilda Perera [y] Mana F. Fraga. [New York: Minerva Books, c1984]. 64 p.

Presentamos a la pata Pita: Libro 1ro. de lectura, [por] Hilda Perera y Mana Fraga. New York: Minerva Books [c1978].

Puntuación. Carátula de María Elena Jubrías. [Habana, 1956] 52 h.

VI. ARTICULOS

"A María Elena Cruz Varela en Cuba." *Diario Las Américas* (Miami, Fla.), agosto 6, 1991: 5-A.

"El aché de Lydia Cabrera; semblanza no académica." En Congreso de Literatura Afro-Americana, Miami, Fla., 1976. *Homenaje a Lydia*

Cabrera. Reinaldo Sánchez, ed.; José Antonio Madrigal, ed.; Ricardo Viera, ed. de arte; José Sánchez-Boudy, ed. asesor. (Colección Ebano y Canela) Miami, Fla.: Ediciones Universal, 1978, c1977. 51-59.

"Adios a Lydia." *Diario Las Américas* (Miami, Fla.), sept. 29, 1991: 5-A.

"Alberto González-Recio." *Diario Las Américas* (Miami, Fla.), abr. 21, 1991: 12-A.

"Cincuentenario del Lyceum." *Diario Las Américas* (Miami, Fla.), marzo 6, 1979: 5-A.

"La ciudad de las carpas." *Diario Las Américas* (Miami, Fla.), oct. 8, 1980: 5-A y 21-A.

"Congreso de Intelectuales." *Diario Las Américas* (Miami, Fla.), agosto 29, 1980: 5-A.

"Congreso de Intelectuales Cubanos Disidentes (apuntes personales)". Congreso de Intelectuales Cubanos Disidentes (1ro.: 1979: Paris, Francia). 1er. (i.e. Primer) Congreso de Intelectuales Cubanos Disidentes. New York: Comité de Intelectuales por la Libertad de Cuba [1979]: 105-107.

————. *Diario Las Américas* (Miami, Fla.), abr. 20, 1979: 5-A.

"Congreso de Intelectuales en New York (apuntes personales)." *Diario Las Américas* (Miami, Fla.), sept. 12, 1980: 5-A.

"Consideraciones ante una sala vacía." *Diario Las Américas*, (Miami, Fla.), jul. 31, 1983: 5-A y 15-A.

"Consideraciones sobre la literatura infantil." *Monographic Review, Hispanic Children Literature* (Odesa, Texas), I (1983).

"Cuba llora." *Diario Las Américas* (Miami, Fla.), jun. 26, 1990: 5-A.

"'La dama de las Camelias' posee belleza y una sincera emoción." *El Mundo* (La Habana, Cuba), jul. 5, 1957: B-9.

"De Ronnie a Michael." *Sweetwater Tribune* (Miami, Fla.), iv, jul. 3, 1987: 1,3.

"Declaraciones de la finalista del 'Planeta'." Cartas al Director, *Solidaridad nacional* (Barcelona, España), oct. 20, 1972.

"La democracia: Concepto evolutivo". *Diario Las Américas*, (Miami, Fla.), feb. 18, 1994: 5-A.

"Dos madres tengo yo." *Diario Las Américas*, (Miami, Fla.), jun. 11, 1991: 4-A.

"Educación sexual para mi hija", por Teresa Román [pseud.] *Romances* (Coral Gables, Fla.), 3 (marzo 1967): 32, 33, 74.

"Elena Mederos." *Diario Las Américas* (Miami, Fla.), oct 6, 1983: 5-A, 11-A.

"¡Es la hora!" *Diario Las Américas* (Miami, Fla.), agosto 29, 1991: 4-A.

"La Habana intacta de Lydia Cabrera." *Círculo: Revista de Cultura* (Verona, N.J.), xiii (1984): 33-38.

"Homenaje a Elena Mederos." *Diario Las Américas* (Miami, Fla.), feb. 21, 1980: 5-A.

"Julie", por Ana Luis [pseud.]. *Romances* (Coral Gables, Fla.), 6, (jun. 1967): 12, 57-60.

"El lenguage del amor en S.I.B.I." *Diario Las Américas* (Miami, Fla.), dic. 12, 1985: 5-A, 11-A.

"María Luisa Ríos." *Diario Las Américas* (Miami, Fla.), agosto 31, 1982: 5-A.

"¿Me dejas quedar con él?", por Ana Luis [pseud.]. *Romances* (Coral Gables, Fla.), 4, (abr. 1967): 46-53.

"Mi mamá es así." *Romances* (Coral Gables, Fla.), 5 (mayo, 1967): 6-10, 60-61.

"Mi reglamentitis: sus causas y consecuencias." *Diario Las Américas* (Miami, Fla.), abr. 21, 1982: 5-A, 15-A.

"La mujer y el nuevo contexto social en Cuba." *Revista internacional de educación de adultos y de jóvenes.* Centro Regional de Educación Fundamental para la América Latina, Pátzcuaro, México, xiv:3 (Otoño de 1962): 152-157.

"¡No más Ronny Zamora!" *Diario Las Américas* (Miami, Fla.), oct. 18, 1977: 5-A.

"¿Quoque tandem dialogus?" *Diario Las Américas* (Miami, Fla.), dic. 27, 1991: 5-A.

"Recordando a Teresa de la Parra con Lydia Cabrera." *Romances* (Coral Gables, Fla.), 4 (abr. 1967): 64, 98.

"Reflexiones en torno a Atlanta y Oakdale." Opiniones, *El Nuevo Herald* (Miami, Fla.), dic. 8, 1987: 7-A.

"Regla: ejemplo de esperanza." *Diario Las Américas* (Miami, Fla.), dic. 15, 1991: 5-A.

"El regreso." *Diario Las Américas* (Miami, Fla.), marzo 15, 1990: 5-A.

"La reina: recuerdo de un preso." *Diario Las Américas* (Miami, Fla.), agosto 26, 1990: 5-A.

"Reinaldo." *Diario Las Américas* (Miami, Fla.), dic. 28, 1990: 5-A.

"Un réquiem sencillo para Elena Mederos." *Diario Las Américas* (Miami, Fla.), oct. 11, 1981: 5-A, 15-A.

"*Los Robledal*: [fragmento]". *Mariel* (Miami, Fla.), i:3 (1986):

"¡Salve, Zenaida Manfugás!" *Diario Las Américas* (Miami, Fla.), jun. 30, 1990: 5-A.

"Si '¿elecciones para qué?' ¿diálogo para qué?" *Diario Las Américas* (Miami, Fla.), sept. 21, 1990: 5-A.

"Síntesis de la actual economía cubana y sus consecuencias. Ensayo presentado al Congreso 'Pour en Finir Avec Fidel Castro' en Paris, el 10 de octubre de 1991, [por] Antonio Jorge e Hilda Perera." *Diario Las Américas*, oct. 11, 1991: 5-A,10-A.

"Una tradición que nace: el 23 de abril, Día del Idioma. ¡Regale un libro en español a un niño!" *Diario Las Américas* (Miami, Fla.), abr. 14, 1983: 5-A, 15-A.

"Triunfa en el ballet una estrella latina." *Romances* (Coral Gables, Fla.), 9 (sept. 1967): 6-9, 78-79.

"22 [i.e. veintidos] de enero, victoria del bilingüismo." *Diario Las Américas* (Miami, Fla.), feb. 8, 1975: 8-B.

"Vigencia de Martí en la lucha anticomunista." *Diario Las Américas* (Miami, Fla.), marzo 2, 1990: 5-A, 13-A.

"Women in a New Social Context in Cuba." *International Journal of Adult and Youth Education* (Paris, Francia), xiv:3 (1962): 144-149.

VII. COMO TRADUCTORA

Cómo viven los peces. [Tr. de Hilda Perera] México: Editorial Novaro, 1964. Traducción de Fishes and How They Live. New York: Golden Press, 1960.

VIII. TRADUCCIONES DE SUS OBRAS

Braves petits ânes. Tr. de Pierre Jonquières. Illus. de Carlo Wieland. (Collection Arc-en-Poche) [Paris]: Fernand Nathan, 1980, c1976. 95 p.

Traducción de *Cuentos para Chicos y Grandes*. Hasilova, H., tr. *Zändzi Balasy Apolo.* (Azerbaidjano). Bakú: Azernesr, 1964.

Kike. (Inglés) 1ra. ed. The Pickering Press, Inc., Octubre 1992.

Mumú. (Catalán) 1ra. ed.Barcelona, España: Editorial Bruño, Octubre 1992.

Olevs'Kyj, L., tr. y O. Stajec'kyj, tr. *Negrenja Apolo.* (Ukraniano). Kiev: Detizdat, 1962.

Pavlenisvili, M., tr. *Negritenok Apolo.* (Georgiano). Tblisi: Nakaduli, 1962.

Vo'f, E., tr. *Negritenok Apolo*. (Ruso). Moskva: Detgiz, 1962.

Zanoronok, L., tr. *Neegripoiss Apolo*. (Estoniano). Tallin: Estgosizdat, 1963.

Zosu, A., tr. *Apólo-Kopil de Negru*. (Moldaviano). Kisinev: Kartja moldo venjaske, 1965.

BIBLIOGRAFIA PASIVA

I. LIBROS

Aldaya, Alicia G.R. *La narrativa de Hilda Perera*. Pról.: Gastón Baquero. (Colección Nova Scholar) Madrid: Playor, 1978. 166 p.

Álzaga, Florinda. *Ensayo sobre "El sitio de nadie", de Hilda Perera*. (Colección Polymita) Miami, Fla.: Ediciones Universal, c1975. 47 p.

Dedjens, Wilma. *Teresa y los otros: Voces narrativas en la novelística de Hilda Perera*. Miami, Fla.: Ediciones Universal, 1993.

González, Thais S. *Vida y obra de Hilda Perera*. Tallahassee: 1984. Tesis - The Florida State University.

II. ARTICULOS, ENTREVISTAS, MENCIONES, NOTICIAS, RESEÑAS, ETC.

A. EN OBRAS DE CONSULTA Y REFERENCIA

Dictionary of Twentieth Century Cuban Literature, edited by Julio A. Martínez. New York: Greenwood Press, 1990. 354-359.

Fernández, José B. y Roberto G. Fernández. *Indice bibliográfico de autores cubanos (diáspora 1959-1979): literatura = Bibliographical Index of Cuban Authors (diáspora 1959-1979): Literature*. Miami, Fla: Ediciones Universal, 1983, c1981. 23, 33, 82.

Le Riverend, Pablo. *Diccionario biográfico de escritores cubanos en el exilio (contemporáneos)*. Newark, N.J.: Ediciones Q-21, 1990. 140-144.

Peraza Sarausa, Fermín. *Anuario bibliográfico cubano: bibliografía cubana, 1961*. Gainesville, Fla.: 1963. 74 p.

—— *Personalidades cubanas*. V. (Biblioteca del bibliotecario: 55) Habana: Ediciones Anuario Bibliográfico Cubano, 1958, 142.

B. EN LIBROS

Aldaya, Alicia G.R. "Lectura de *Plantado*." En *Anales de Literatura Hispanoamericana*, 11 (1982). 191-196.

——. "*Plantado*: Testimonio y arte." En Kossoff, David A., ed.; José Amor y Vázquez, ed.; Ruth H. Kossoff, ed. y Geoffrey W. Ribbans, ed. *Actas del VIII Congreso de la Asociación Internacional de Hispanistas*. I. Madrid: Istmo, 1986. 119-127.

Fernández Vázquez, Antonio A. "Acercamiento a la novelística de Hilda Perera." *Crítica hispánica* (Johnson City, Tenn.), viii:1 (1986): 27-35.

——. *La novela de la Revolución cubana escrita afuera de Cuba, 1959-1975*. Lexington, Ky.: [s.n.], 1978. 203 h. Tesis - Universidad de Kentucky.

——. "*El sitio de nadie*." En *Novelística cubana de la Revolución*. (Colección Polymita) Miami, Fla.: Ediciones Universal, 1980.

Phaf, Ineke. *Novelando La Habana: ubicación histórica y perspectiva urbana en la novela cubana de 1959 a 1980*. (Tratados de crítica literaria) Madrid: Editorial Orígenes, 1990. 283-286.

Rodríguez Coronel, Rogelio. *La novela de la Revolución cubana: 1959-1979*. La Habana: Editorial Letras Cubanas, c1986.

Romeu, Raquel. "Hilda Perera en *Plantado*: ¿Es mucho hombre esta mujer?" En Erro-Orthman, Nora y Juan Cruz Mendizábal. *La escritora hispánica. Actas de la Decimotercera Conferencia Anual de Literaturas Hispánicas en Indiana University of Pennsylvania*. (Colección Polymita) Miami, Fla.: Ediciones Universal, c1990. 159-168.

C. EN REVISTAS, PERIODICOS, ETC.

1. GENERALES

Almaguer, Amaury. "Hilda Perera: una gloria de las letras cubanas." Fotos: Dulce Menes. *Ideal* (Miami, Fla.), xiii:216 (mayo 1984): 55-57.

Alvarez Bravo, Armando. "Escribir en Miami en 1987." *El Miami Herald* (Miami, Fla.), jul. 5, 1987: 11-12.

Clavijo, Uva A. "Cuentos y cantos." *Diario Las Américas* (Miami, Fla.), jun. 28, 1985: 5-A.

Guerra-Cunningham, Lucía. Reseña de Alicia G.R. Aldaya: *La narrativa de Hilda Perera.* (Madrid: Playor, S.A., 1978), 166 páginas. *Letras femeninas* (Beaumont, Texas), vi:1 (Spring 1980): 71-72.

Gutiérrez de la Solana, Alberto. "Novelística cubana: dédalo de soledad y terror." *Círculo*: revista de cultura (Verona, N.J.), xii (1983): 22-23.

Leeder, Ellen Lismore. "Personajes femeninos en la narrativa de Hilda Perera". *Studies in Modern and Classical Languages and Literatures.* V (1994): 77-82.

Mario, Luis. "Honran la literatura de Miami a través de ocho destacados autores." *Diario Las Américas* (Miami, Fla.), oct. 26, 1978: 8-A.

Menton, Seymour. "La novela de la Revolución cubana, fase cinco: 1975-1987." *Revista Iberoamericana* (Pittsburgh, Pa.), lvi:152-153, (jul.-dic., 1990): 927, 930.

Murciano, Carlos. "Hilda Perera, entrañada y auténtica." *Diario Las Américas* (Miami, Fla.), nov. 17, 1988: 5-A.

Puig Zaldívar, Raquel. "Veinte cuentistas cubanos, un libro para conocernos mejor." Galería, Libros, *El Miami Herald*, nov. 4, 1978: 9.

Romeu, Raquel. "Hilda Perera: una voz en el exilio." *Alaluz: revista de poesia, narracion y ensayo.* XXIV, no. 1-2 (Primavera-Otono), 1992: 93-96.

2. SOBRE NOVELAS

a) SOBRE ¡*Felices Pascuas*!

Álzaga, Florinda. "*Felices Pascuas* de Hilda Perera." *Diario Las Américas* (Miami, Fla.), marzo 24, 1978: 5-A y 15-A.

Clavijo, Uva A. "Felices Pascuas." *Diario Las Américas* (Miami, Fla.), marzo 11, 1978: 5-A y 13-A.

Guerra-Cunningham, Lucía. "Crisis y reafirmación de la existencia femenina en *Felices Pascuas* de Hilda Perera." *Letras femeninas* (Beaumont, Texas), v:2 (Otoño 1979): 22-27.

Labrador Ruiz, Enrique. "Dos libros de Hilda Perera." Libros al día, *Diario 2001* (Caracas, Venezuela), jun. 15, 1978: 3.

Leeder, Ellen L. "Las Felices Pascuas de Hilda Perera." *Diario Las Américas* (Miami, Fla.), jul. 1, 1978: 11-B.

Villa, Alvaro de. "Pascuas en marzo." Con ton y son, *Diario Las Américas* (Miami, Fla.), marzo 9, 1978: 5-A.

b) SOBRE *La jaula del unicornio*

Cabrera Leiva, Guillermo. "Hilda Perera: Escribir para mi no es juego, es disciplina y trabajo que me impongo." *Diario Las Américas* (Miami, Fla.), abr. 30, 1992: 3-B.

Höhne, Evelin. Reseña de Perera, Hilda. *La jaula del unicornio* (The Cage of Unicorns). Madrid: Noguer: 1991. 102 pp. (Cuatro vientos: 88). *White Ravens* (Munich, Alemania), 1992: 61.

c) SOBRE *Mañana es 26*

Bueno, Salvador. "La novela cubana de hoy." *Insula* (Madrid, España), xxiii:260-261 (jul.-agosto 1968): 21-24.

Casal, Lourdes. "La novela en Cuba 1959-1967: una introducción." *Exilio* (New York, N.Y.), núm. extraordinario: temática cubana (Otoño-Invierno, 1969-Primavera 1970): [184]-217.

d) SOBRE *La noche de Ina*

Aldaya, Alicia G.R. "...¿Es *La noche de Ina* la típica novela femenina contemporánea? *Círculo*, revista de cultura (Verona, N.J.), xxi (1984): 23-31.

Leeder, Ellen Lismore. "La versatilidad de Hilda Perera." *Diario Las Américas* (Miami, Fla.), jul. 15, 1993, 5-A.

e) SOBRE *Plantado*

Aldaya, Alicia G.R. "Lectura de *Plantado*." *Anales de Literatura Hispanoamericana*, 11 (1982), 191-196.

———. "*Mai, Kike, Plantado*." *Encuentros literarios*. (Montevideo, Uruguay), sept. 1985.

———. "*Plantado*: dolor y arte." *Diario Las Américas* (Miami, Fla.), marzo 20, 1982: 9-A.

———. "*Plantado*: Testimonio y arte." En Kossoff, David A., ed; José Amor y Vázquez, ed.; Ruth H. Kossoff, ed; y Geoffrey W. Ribbans, ed.

Actas del VIII Congreso de la Asociación Internacional de Hispanistas. I. Madrid: Istmo, 1986. 119-127.

Arenas, Reinaldo. "El sol racionado." *Linden Lane Magazine* (Princeton, N.J.), i:2, (abr./jun. 1982): 22-23.

Arroyo, Anita. "*Plantado.*" Reflejos, *El Siglo de Torreón* (San Juan, Puerto Rico), agosto 15, 1982.

Campa, Román. Reseña de *Plantado.* Libros, *Diario Las Américas* (Miami, Fla.), mayo 16, 1982: 9-B.

Esténger, Rafael. "Gran novela cubana." *Diario Las Américas* (Miami, Fla.), enero 22, 1982: 5-A.

Gonźález, Celedonio. "... y otra de arena." Libros, *Guángara libertaria* (Miami, Fla.), xiii:9 (Invierno 1982): 24. Este artículo complementa el artículo "Una de cal..." de Mariano M. de Luz.

Hiriart, Rosario. "Valor artístico de un testimonio." *Nueva estafeta* (Madrid, España), mayo 1983: 73-75.

Luz, Mariano M. de. "Una de cal... Obtiene gran éxito de la crítica un libro sobre las cárceles castristas." Libros, *Guángara libertaria* (Miami, Fla.), iii:9 (Invierno 1982): 24. Este artículo complementa el artículo "... y otra de arena." de Celedonio González.

Mario, Luis. "Hay que plantarse en *Plantado*" *Diario Las Américas* (Miami, Fla.), feb. 4, 1982: 5-A.

Márquez Sterling, Carlos. "*Plantado.*" Actualidades, *Diario Las Américas* (Miami, Fla.), feb. 19, 1982: 5-A.

Rasco, José Ignacio. "*Plantado*: la novela y la historia." *Diario Las Américas* (Miami, Fla.), abr. 17, 1982: 5-A y 21-A.

———. "*Plantado*: lenguaje y estilo." *Diario Las Américas* (Miami, Fla.), abr. 22, 1982: 10.

Remos, Ariel. "Ciclo de conferencias y conciertos del Museo Cubano de Arte y Cultura. "*Diario Las Américas* (Miami, Fla.), jun. 17, 1982: 5-B.

Rosado, Olimpia. "Explica la escritora cubana Hilda Perera la forma en que fue escrita su novela *Plantado.*" *Diario Las Américas* (Miami, Fla.), feb. 4, 1982: 2-B.

Sales, Miguel. "La verosimilitud de *Plantado.*" *El Miami Herald* (Miami, Fla.), feb. 11, 1982: 11.

Villa, Alvaro de. "Libros: *Plantado.*" Con ton y son, *Diario Las Américas* (Miami, Fla.), feb. 13, 1982: 5-A.

Wiltz, Héctor B. "Plantado me hizo llorar." *Prensa médica* (Miami, Fla.), 2a. quincena, oct. 1982: 18.

f) SOBRE *Los Robledal*

Aldaya, Alicia G.R. "*Los Robledal.*" *Diario Las Américas* (Miami, Fla.), marzo 31, 1988: 10-A.

Álvarez Bravo, Armando. "Cuba: indagación y recreación." Galería, *El Nuevo Herald* (Miami, Fla.), feb. 21, 1988: 4-C.

Carreño, Mada. "Hilda Perera: *Los Robledal.*" *Uno más uno* (México, D.F.), abr. 16, 1988.

Clavijo, Uva A. "*Los Robledal*: una novela cubana y universal." *Diario Las Américas* (Miami, Fla.), marzo 18, 1988: 5-A.

Fernández-Marcané, Leonardo. "*Los Robledal* e Hilda Perera." *Diario Las Américas* (Miami, Fla.), mayo 16, 1991: 10-A.

Hiriart, Rosario. "*Los Robledal* de Hilda Perera." *Diario Las Américas* (Miami, Fla.), jul. 28, 1988: 10-A y 11-A.

Márquez Sterling, Carlos. "*Los Robledal*, la novela de Hilda Perera." *Diario Las Américas* (Miami, Fla.), mayo 3, 1988: 5-A.

Murciano, Carlos. "Hilda Perera, entrañada y auténtica." *Diario Las Américas* (Miami, Fla.), nov. 17, 1988: 5-A.

——. *Lanza*, diario de La Mancha (Ciudad Real, España), xlv, 14, 16, sept. 8, 1988.

Remos, Ariel. "Queda Hilda Perera por tercera vez finalista del premio Planeta español." *Diario Las Américas* (Miami, Fla.), nov. 9, 1986: 1-B, 6-B.

Ruiz del Vizo, Hortensia. "*Los Robledal.*" *Diario Las Américas* (Miami, Fla.), mayo 17, 1988: 5-A.

g) SOBRE *El sitio de nadie*

Albuerne, J. "Hilda Perera, mujer y novelista." *20* [i.e. Veinte] de mayo (Los Angeles, Calif.), sept. 22, 1973: 12.

Álvarez, Daniel. "Con Hilda Perera la escritora cubana finalista del premio Planeta." Desde Madrid, *Réplica* (Miami, Fla.), iii:3 (nov. 15-22, 1972): 34-37.

Álzaga, Florinda. "Cuba en el premio Planeta." *Diario Las Américas* (Miami, Fla.), dic. 9, 1972: 5-A.

Angueira, José M. "La congoja se hizo prosa, a Hilda Perera, finalista." *Diario Las Américas* (Miami, Fla.), marzo 10, 1973: 5-A.

Arroyo, Anita. "*El sitio de nadie*, otro acierto." Reflejos, *Diario Las Américas* (Miami, Fla.), oct. 2, 1973: 5-A y 19-A.

Clavijo, Uva A. "Hilda Perera y su sitio entre todos." *Diario Las Américas* (Miami, Fla.), agosto 10, 1973: 5-A y 11-A.

Cruz-Alvarez, Félix. "Los caminos de Hilda Perera." *ABC de las Américas,* 32, mayo 25, 1973: 48.

Escarpanter, José A. "Éxito de la narrativa cubana en el exilio." *Diario Las Américas* (Miami, Fla.), mayo 2, 1973: 3.

Fernández-Marcané, Leonardo. "Ensayo de cubanía." *Diario Las Américas* (Miami, Fla.), dic. 18, 1976: 19-B.

González Montes, Yara y Matías Montes Huidobro. "La novela cubana: El sitio de la palabra." *Caribe* (Honolulu, Hawaii), Primavera 1976: 127-146.

Guas Inclán, Rafael. "La ley de herencia en Hilda Perera." *Diario Las Américas* (Miami, Fla.), dic. 16, 1972: 5-A y 18-A.

Iglesias Laguna, Antonio. "Un Planeta disputado." *ABC* (Madrid, España), ed. de la mañana, oct. 17, 1972: 50.

Labrador Ruiz, Enrique. "Dos libros de Hilda Perera." Libros al día, *Diario 2001* (Caracas, Venezuela), jun. 15, 1978: 3

Machado, Margarita. "Hilda Perera se ganó mi sitio." *Diario Las Américas* (Miami, Fla.), mayo 17, 1973: 3.

Márquez Sterling, Carlos. "Nuestro primer Congreso de Literatura Cubana en Nueva York." Actualidades, *Diario Las Américas* (Miami, Fla.), enero 11-13, 1974: 5-A.

Montaner, Carlos Alberto. "*El sitio de nadie*: una novela de la Revolución cubana." *Réplica* (Miami, Fla.), vii:271 (enero 29, 1973): 5.

Prado, Pura del. "Prometeo: estampas del dolor cubano." *Diario Las Américas* (Miami, Fla.), marzo 23, 1975: 10-A.

Prieres, Manuel. "La comprensión de una escritora." La literatura cubana en el exilio: nuestra memoria, *Ideal* (Miami, Fla.), vii:85 (sept. 1978): 57-59.

3. SOBRE NOVELAS JUVENILES

a) SOBRE *Kike*

Aldaya, Alicia G.R. "*Kike* de Hilda Perera." *Monographic Review. Hispanic Children's Literature* (Odesa, Texas), I, 1985.

———. "*Mai, Kike, Plantado*." *Encuentros literarios*, (Montevideo, Uruguay), sept. 1985.

Zwick, Louise Yarian. Reseña de Perera, Hilda. *Kike,* illus. by Marina Seoane. 123 p. (Colección El Barco de vapor). S.M. Madrid, 1984. pap. (Gr. 4-8). *School Library Journal* (New York, N.Y.), 34 (Feb. 1988): 94.

b) SOBRE *Mai*

Aldaya, Alicia G.R. "*Mai, Kike, Plantado.*" *Encuentros literarios,* (Montevideo, Uruguay), sept. 1985.

Zwick, Louise Yarian. Reseña de Perera, Hilda. *Mai,* illus. by Marina Seoane. 123 p. [i.e. 114 p.] (Colección El Barco de vapor). S.M. Madrid, 1984. pap. (Gr. 5-8). *School Library Journal* (New York, N.Y.), 34 (Feb. 1988): 94.

4. SOBRE CUENTOS INFANTILES

a) SOBRE *Cuentos de Apolo*

Aldaya, Alicia G.R.. "*Cuentos de Apolo.* Delicada joya de la literatura cubana." *Letras femeninas* (Colorado), 1, (Primavera 1976).

Álzaga, Florinda. "*Cuentos de Apolo.*" *Diario Las Américas* (Miami, Fla.), jul. 31, 1975: 5-A.

Bortolussi, Marisa. "*Cuentos de Apolo,* de Hilda Pereira [sic.]." En su *El cuento infantil cubano: un estudio crítico.* (Colección Pliegos de ensayo) Madrid: Editorial Pliegos [1990]: 93-110.

Clavijo, Uva A. "*Cuentos de Apolo.*" *Diario Las Américas* (Miami, Fla.), jul. 8, 1975.

Marquina, Rafael. "*Cuentos de Apolo.*" *Información* (La Habana, Cuba), jun. 20, 1947.

Martínez Azoy. Leopoldo. "Apolo, ve a la escuela." *Diario Las Américas* (Miami, Fla.), jul. 18, 1975: 12-B.

Sánchez Boudy, José. "*Cuentos de Apolo* y literatura infantil." *Diario Las Américas* (Miami, Fla.), agosto 29, 1975: 5.

b) SOBRE *Cuentos para Chicos y Grandes*

Amo, Montserrat del. "El lenguaje de los mayores y el niño." *Escuela en acción* (España), (mayo, 1980): 6-8.

Arenas, Bibí. "La mujer en la narrativa hispanoamericana contemporánea: Hilda Perera escribe para grandes y chicos." *Congreso de Escritores*, San Juan, Puerto Rico, 1980.

Inclán, Josefina. "Un 'Lazarillo' cubano." *Diario Las Américas* (Miami, Fla.), agosto 5, 1975: 5-A y 17-A.

c) SOBRE *Pericopín*

García, Nita y Marta Lindner. Reseña de Perera, Hilda. *Pericopín*. Madrid: Everest, 1980. (Gr. 1-3). *School Library Journal* (New York, N.Y.), 30 (May 1984): 36.

Esta reseña aparece en la bibliografía del artículo "Materials in Spanish: Practical Uses", por Nita García y Marta Lindner. SLJ, 30, (May 1984): 34-37.

d) SOBRE *Podría ser que una vez*

García, Nita y Marta Lindner. Reseña de Perera, Hilda. *Podría ser que una vez*. Madrid: Everest, 1981. (3-4). *School Library Journal* (New York, N.Y.), 30, (May 1984): 36.

Esta reseña aparece en la bibliografía del artículo "Materials in Spanish: Practical Uses", por Nita García y Marta Lindner. SLJ, 30, (May 1984): 34-37.

Rosado, Olimpia. "Gana de nuevo Hilda Perera el Premio español 'Lazarillo'." *Diario Las Américas* (Miami, Fla.), dic. 9, 1978.

e) SOBRE *Rana, ranita*

García, Nita y Marta Lindner. Reseña de Perera, Hilda. *Rana, ranita*. Madrid: Everest, 1981. (K-3). *School Library Journal* (New York, N.Y.), 30, (May 1984): 36.

Esta reseña aparece en la bibliografía del artículo "Materials in Spanish: Practical Uses", por Nita García y Marta Lindner. SLJ, 30 (May 1984): 34-37.

5. SOBRE ENSAYOS

a) SOBRE *Idapo*

Hernández, David. "Afro-Latino Affinities. Forum." *Weekender* (Fort Wayne, Indiana), abr. 10, 1976.

b) SOBRE *Lincoln*

"Washington-Lincoln. Biography Contest Winners Announced." The Daily Washington Merry Go Round. *The Havana Post* (Habana, Cuba), feb. 23, 1945: 8.

6. SOBRE TEXTOS

a) SOBRE *La pata Pita*

Coyne, Minerva. "Curriculum Reviews: *La pata Pita*. Libro primero de lectura." *Newsletter-Bilingual Education Service Center,* iii:1, Sept-Oct. 1979.

TABULA GRATULATORIA

Elio y Esther Sánchez-Grey Alba Buffill
Manolo y Yolanda Almuiña
Luis Ricardo Alonso
Concepción Alzola
Luisa y Mario Ambrós
Wendell Aycock
Rosario Caminero
Moravia Capó
Mercedes G. Carreño
Rafael Catalá
Susan A. Cavallo
Onelia Cerdá
Colgate University
Octavio R. Costa
Luis M. y Yolanda Cowley
Leonel Antonio de la Cuesta
Emma Detjens
Lourdes L. Deyá
Editorial Ponce de León
(Dorothy Smith y Josefina Leyva)
Niza Fabre
Ana María Fagundo
Jesse Fernández
Oscar Fernández de la Vega
Florida Southern College
Eugenio Florit
María F. Fraga
Orlirio Fuentes

Luis A. Galainena
Manuel Gómez Reinoso
Ricardo y Genoveva González
Julia Guerrero
Mariela Gutiérrez
Alberto Gutiérrez de la Solana
Warren Hampton
Julio E. Hernández Miyares
Esperanza F. Hernández Travieso
Jerry y Adriene Hoeg
Enrique Hurtado de Mendoza
Fernando Hurtado de Mendoza
Alberto M. y Eva Iglesias
Antonio Jorge
Mari y Federico Justiniani
José I. y Aguada D. Lasaga
Clara T. Laurencio
Rosario R. León
Eduardo y Circe Lolo
Luis y Marta Manrara
Juana y Arístides Méndez-Insua
Esther Mocega-González
Oscar J. Montero
Matías Montes-Huidobro
Yara G. Montes
Ana María Perera y Moya
Ana Rosa Núñez
Ricardo L. Ortiz
Caridad Pérez
Howard y Judy Peters
Rafael y Gloria Portuondo

Eladia Reyes
Jorge Rodríguez-Florido
Héctor y Zoila Romero
Jorge Luis y Zoila Romeu
María A. Salgado
Gloria E. Sánchez
Luis Rafael Sánchez
Jorge L. Seco
Southern Arkansas University
Octavio de la Suarée
María E. Suárez
Holly Thomas
Mirtha Toledo
Juan J. y Wilma Tuñón
Marta Umanzor
University of Nebraska
Valparaiso University Library
Beatriz Varela
Rima Rothe Vallbona
Alicia Welden
Jerry M. Whitmire
Gladys Zaldívar
Eduardo Zayas-Bazán

LA ÉTICA JUDÍA Y LA CELESTINA COMO ALEGORÍA
Orlando Martínez Miller
DON JUAN EN EL TEATRO ESPAÑOL DEL SIGLO XX
María C. Dominicis
QUEVEDO, HOMBRE Y ESCRITOR EN CONFLICTO CON SU ÉPOCA,
Ela Gómez-Quintero
JUEGOS DE VIDA Y MUERTE: EL SUICIDIO EN LA NOVELA GALDOSIANA
Serafín Alemán
HOMBRES DE MAÍZ: UNIDAD Y SENTIDO A TRAVÉS DE SUS SÍMBOLOS
MITOLÓGICOS,
Emilio F. García
HEREDIA Y LA LIBERTAD
Julio Garcerán
POESÍA EN JOSÉ MARTÍ, JUAN RAMÓN JIMÉNEZ, ALFONSO REYES,
FEDERICO GARCÍA LORCA Y PABLO NERUDA
Eugenio Florit
JUSTO SIERRA Y EL MAR
Ellen Lismore Leeder
JOSÉ LEZAMA LIMA; TEXTOS CRÍTICOS
Justo C. Ulloa,editor
JULIÁN DEL CASAL: ESTUDIO COMPARATIVO DE PROSA Y POESÍA,
Luis F. Clay Méndez
LA PÍCARA Y LA DAMA
Mireya Pérez-Erdelyi
LA EVOLUCIÓN LITERARIA DE JUAN GOYTISOLO
Héctor R. Romero
HOMENAJE A GERTRUDIS GÓMEZ DE AVELLANEDA
Rosa M. Cabrera y Gladys Zaldívar
JOSÉ REVUELTAS: EL SOLITARIO SOLIDARIO
Marilyn R. Frankenthaler
NOVELÍSTICA CUBANA DE LA REVOLUCIÓN (1959-1975)
Antonio A. Fernández Vázquez
LA OBRA NARRATIVA DE CARLOS MONTENEGRO
Enrique J. Pujals
FEMENISMO ANTE EL FRANQUISMO
Linda G. Levine & Gloria F. Waldman
LO CHINO EN EL HABLA CUBANA
Beatriz Varela
HISTORIA DE LA LITERATURA CATALANA
Juan V. Solanas
ANÁLISIS E INTERPRETACIÓN DE DON JUAN DE CASTRO DE LOPE DE
VEGA, Antonio González

LEZAMA LIMA: PEREGRINO INMÓVIL
Alvaro de Villa y José Sánchez-Boudy
NUEVAS TENDENCIAS EN EL TEATRO ESPAÑOL (NATELLA-NIEVA Y
RUIBAL).
Anje C. Van der Naald
EL MUNDO DE MACONDO EN LA OBRA DE GABRIEL GARCÍA MÁRQUEZ,
Olga Carrera González
LA PROBLEMÁTICA PSICO-SOCIAL Y SU CORRELACIÓN LINGÜÍSTICA
EN LAS NOVELAS DE JORGE ICAZA,
Anthony J. Vetrano
LA TEMÁTICA NARRATIVA DE SEVERO SARDUY
José Sánchez-Boudy
THE STRUCTURE OF THE ROMAN DE THEBES
Mary Paschal
JULIÁN DEL CASAL, ESTUDIOS CRÍTICOS SOBRE SU OBRA
Varios autores
ÍNDICE BIBLIOGRÁFICO DE AUTORES CUBANOS (DIÁSPORA 1959-1979).
José B. Fernández
CARMEN CONDE Y EL MAR/CARMEN CONDE AND THE SEA
Josefina Inclán
ORÍGENES DEL COSTUMBRISMO ÉTICO SOCIAL. ADDISON Y STEELE:
ANTECEDENTES DEL ARTÍCULO COSTUMBRISTA ESPAÑOL Y ARGENTI-
NO. Gioconda Marún
JUEGOS SICOLÓGICOS EN LA NARRATIVA DE MARIO VARGAS LLOSA,
María L. Rodríguez Lee
LA NARRATIVA DE LUIS MARTÍN SANTOS A LA LUZ DE LA PSICOLO-
GÍA, Esperanza G. Saludes
NUEVAS PERSPECTIVAS SOBRE LA GENERACIÓN DEL 27
Héctor R.Romero
LA DECADENCIA DE LA FAMILIA ARISTOCRÁTICA Y SU REFLEJO EN LA
NOVELA ESPAÑOLA MODERNA, Heriberto del Porto
EL BOSQUE INDOMADO...DONDE CHILLA EL OBSCENO PÁJARO DE LA
NOCHE, Josefina A. Pujals
EL INDIO PAMPERO EN LA LITERATURA GAUCHESCA
Conrado Almiñaque
LA CRÍTICA LITERARIA EN LA OBRA DE GABRIELA MISTRAL
Onilda A. Jiménez
LA NARRATIVA DE JOSÉ SÁNCHEZ-BOUDY (TRAGEDIA Y FOLKLORE)
Laurentino Suárez
HISTORIA, ÍNDICE Y PROLOGO DE LA REVISTA "LA PALABRA Y EL
HOMBRE" (1957-1970). Samuel Arguéz

JORGE LUIS BORGES Y LA FICCIÓN: EL CONOCIMIENTO COMO INVENCIÓN, Carmen del Río
SOCIEDAD Y TIPOS EN LAS NOVELAS DE RAMÓN MEZA Y SUÁREZ INCLÁN.Manuel A. González
ENSAYO SOBRE EL SITIO DE NADIE DE HILDA PERERA
Florinda Álzaga
ESTUDIO ETIMOLÓGICO Y SEMÁNTICO DEL VOCABULARIO CONTENIDO EN LOS LUCIDARIOS ESPAÑOLES,
Gabriel de los Reyes
ANÁLISIS ARQUETÍPICO, MÍTICO Y SIMBOLÓGICO DE PEDRO PÁRAMO
Nicolás E. Alvarez
EL SALVAJE Y LA MITOLOGÍA: EL ARTE Y LA RELIGIÓN
José A. Madrigal
POESÍA Y POETAS (ENSAYOS TÉCNICOS-LITERARIOS)
Luis Mario
PLACIDO, POETA SOCIAL Y POLÍTICO
Jorge Castellanos
EDUARDO MALLEA ANTE LA CRITICA
Myron I. Lichtblay editor
LA ESTRUCTURA MÍTICA DEL POPUL VUH
Alfonso Rodríguez
TIERRA, MAR Y CIELO EN LA POESÍA DE EUGENIO FLORIT
María C. Collins
LA OBRA POÉTICA DE EUGENIO FLORIT
Mary Vega de Febles
LA EMIGRACIÓN Y EL EXILIO EN LA LITERATURA HISPÁNICA DEL SIGLO VEINTE,
Myron I. Lichtblau
VIDA Y CULTURA SEFARDITA EN LOS POEMAS DE "LA VARA",
Berta Savariego & José Sánchez-Boudy
HISTORIA DE LA LITERATURA CUBANA EN EL EXILIO, VOL. I,
José Sánchez-Boudy
EL PLEYTO Y QUERELLA DE LOS GUAJALOTES: UN ESTUDIO
Gerardo Sáenz
EL OBSCENO PÁJARO DE LA NOCHE: EJERCICIO DE CREACIÓN
María del C. Cerezo
VIDA Y MEMORIAS DE CARLOS MONTENEGRO
Enrique J. Pujals
TEORÍA CUENTÍSTICA DEL SIGLO XX
Catharina V. de Vallejo
RAYUELA Y LA CREATIVIDAD ARTÍSTICA
Myron Lichtblau